# FUNK SEM CORTES

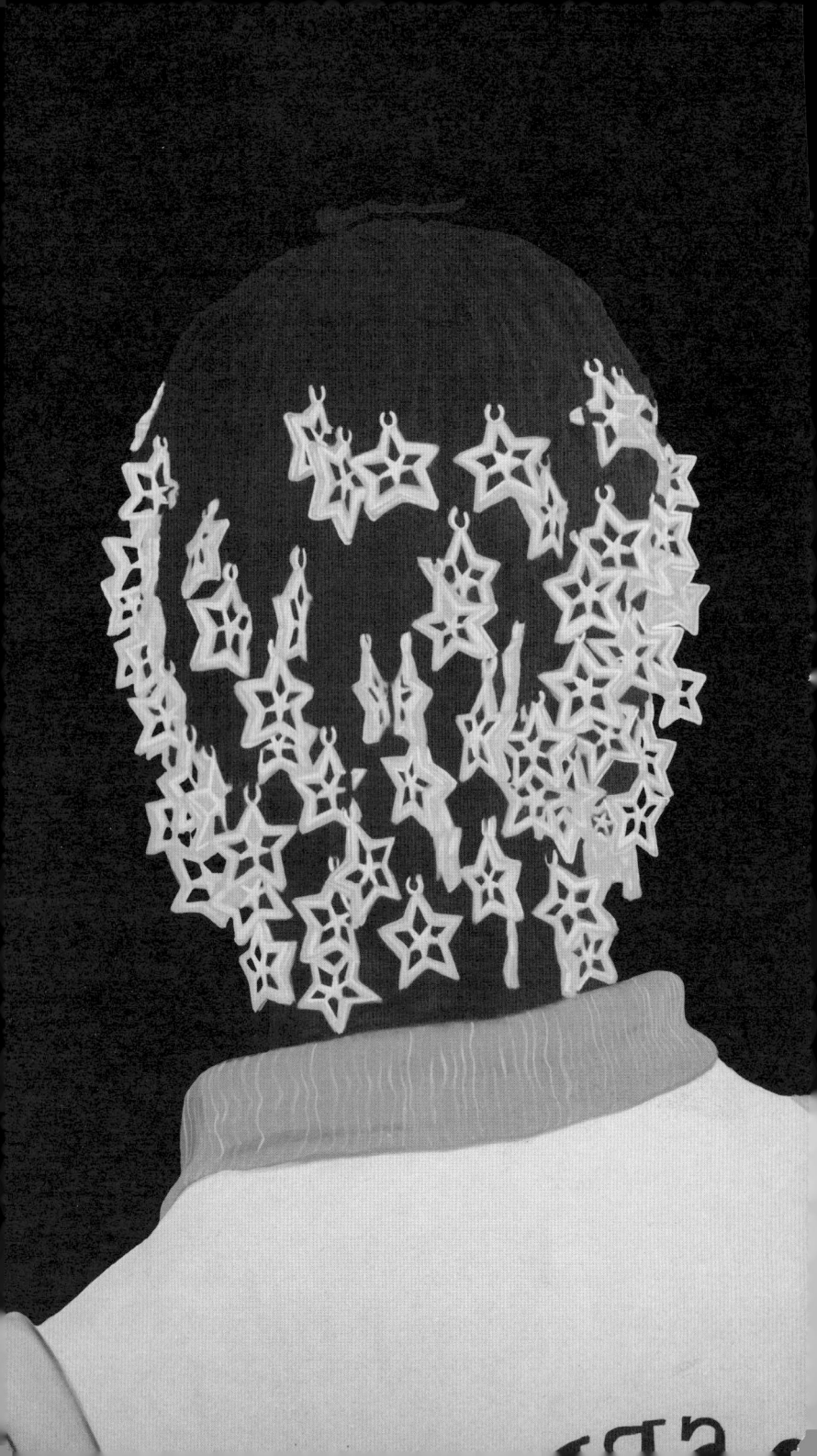

# bell hooks e Stuart Hall

# FUNK SEM CORTES

TRADUÇÃO floresta

um diálogo
contemplativo

Esta obra foi publicada originalmente em inglês com o título UNCUT FUNK.
Tradução autorizada a partir da edição em língua inglesa publicada pela Routledge, parte de Taylor & Francis Group LLC.
© 2018, Gloria Watkins
© 2024, Editora WMF Martins Fontes Ltda., São Paulo, para a presente edição.

Todos os direitos reservados. Este livro não pode ser reproduzido, no todo ou em parte, armazenado em sistemas eletrônicos recuperáveis nem transmitido por nenhuma forma ou meio eletrônico, mecânico ou outros, sem a prévia autorização por escrito do editor.

1ª EDIÇÃO 2024

TRADUÇÃO floresta
ACOMPANHAMENTO EDITORIAL Daniel Rodrigues Aurélio
PREPARAÇÃO DE TEXTO Daniel Rodrigues Aurélio
REVISÕES Sofia Tonoli Maniezo Zani e Fernanda Alvares
PRODUÇÃO GRÁFICA Geraldo Alves
PAGINAÇÃO Renato Carbone
CAPA E PROJETO GRÁFICO Tereza Bettinardi e Lucas D'Ascenção (assistente de arte)
IMAGEM DA CAPA Kika Carvalho, Série *Doze Novembros #2*, 2022

Dados Internacionais de Catalogação na Publicação (CIP)
(Câmara Brasileira do Livro, SP, Brasil)

hooks, bell
    Funk sem cortes : um diálogo contemplativo / bell hooks, Stuart Hall ; tradução floresta. – São Paulo : Editora WMF Martins Fontes, 2024. – (Coleção bell hooks).

    Título original: Uncut funk : a contemplative dialogue.
    ISBN 978-85-469-0612-3

    1. Afro-americanos – Política e governo 2. Negros – Política e governo 3. Política cultural I. Hall, Stuart. II. Título. III. Série.

24-208500                                    CDD-306.2089

Índice para catálogo sistemático:
1. Política cultural : Sociologia  306.2089

Cibele Maria Dias – Bibliotecária – CRB-8/9427

Todos os direitos desta edição reservados à
Editora WMF Martins Fontes Ltda.
Rua Prof. Laerte Ramos de Carvalho, 133  01325-030 São Paulo SP Brasil
Tel. (11) 3293-8150  e-mail: info@wmfmartinsfontes.com.br
http://www.wmfmartinsfontes.com.br

PREFÁCIO À EDIÇÃO BRASILEIRA ........................................ **VII**
INTRODUÇÃO ............................................................. **1**
PREFÁCIO ................................................................. **9**

Conversa entre bell hooks e Stuart Hall .................... **13**

PREFÁCIO À EDIÇÃO BRASILEIRA

# UM CHÁ INGLÊS NADA CONVENCIONAL ENTRE DOIS INTELECTUAIS NEGROS

Embalados pelo ritmo de palavras e pensamentos, a partir de temas em comum e anseios por um projeto político aberto para novas possibilidades de viver e afirmar a negritude, bell hooks e Stuart Hall encontraram-se, em um verão quente de Londres, em 1996, para conversar. Este era um projeto de hooks: estabelecer diálogos com importantes intelectuais negros de seu tempo. E assim o fez com esse grande pensador jamaicano radicado no Reino Unido, um dos fundadores dos Estudos Culturais.

    Tanto a metáfora do jazz quanto a do funk estadunidense, principalmente da década de 1970, estão presentes nessa prosa que revela a força da interação entre esses dois pensadores negros de gerações e origens distintas que, de forma contundente, compartilharam assuntos que são muito atuais e dizem respeito a debates dentro dos movimentos e dos estudos negros, feministas e LGBTQIAPN+ de forma geral. Suas ideias vão se entrelaçando continuamente, produzindo aberturas e possibilidades para outros futuros de pessoas negras. Uma conversa aberta, que engata um tema em outro, que anuncia um interessante vínculo de amor transgeracional, um amor em sentido amplo e não aquele romântico. hooks conta, no prefácio, que conhecer e conversar com pensadores britânicos negros "foi um momento definidor" de sua vida, e que com Stuart Hall, por quem tinha uma profunda admiração, teve a oportunidade de compartilhar inquietações e, ao mesmo tempo, posicionar-se politicamente e afetivamente.

A conversa entre bell hooks (1952-2021) e Stuart Hall (1932-2014), publicada em boa hora no Brasil, foi traduzida da primeira edição, de 2017, lançada quase quatro anos após a morte de Stuart Hall e mais de vinte anos após o encontro deles. A edição das conversas registradas foi feita a partir da transcrição realizada por uma aluna de hooks, que, sem ter seu nome revelado, demonstra o quanto esse trabalho foi transformador em sua vida. A versão brasileira, traduzida por floresta, oferece inúmeras notas de rodapé que situam o texto historicamente e politicamente, apresentando escritores, ativistas e artistas para nós, leitoras e leitores de língua portuguesa.

Naquele verão londrino, hooks e Hall tiveram uma série de encontros em um hotel de luxo para tomar o tradicional chá inglês, como conta hooks no prefácio (uma situação que, para nós, pode parecer inusitada), e dispuseram-se a falar sobre temas fundamentais como formas de escrever, histórias familiares, relações afetivo-sexuais, feminismos negros e brancos, a força do patriarcado nas instituições acadêmicas e familiares, masculinidades negras, sexualidades, psicanálise, cinema, morte, além de comentários valiosos sobre diferentes autores e autoras importantes na trajetória de cada um.

Podemos imaginar a cena em que ambos estão sentados, tomando tranquilamente um chá e comendo alguns quitutes ingleses, em um hotel suntuoso, seguramente frequentado por pessoas brancas de camadas médias e altas. Eles não estão falando amenidades, mas debatendo muitos temas e fazendo balanços, inclusive de suas trajetórias pessoais e acadêmicas. Como estariam vestidos? Recebiam olhares racistas e sexistas do entorno? Quantas horas duraram as conversas a cada encontro? bell hooks teria feito um roteiro para a conversa ou improvisou, apesar do nervosismo de estar frente a frente com um pensador que apreciava tanto?

Na introdução do original, Paul Gilroy demonstra uma forte preocupação com um certo empobrecimento da cultura política negra no século XXI, que envolve um crescimento do uso de redes digitais. Seu argumento é elaborado para mostrar um declínio dos movimentos sociais, inclusive negros. Ele parece se incomodar com a emergência de "uma conversa identitária genérica e típica da internet" (p. 4), que potencializa os efeitos da globalização na cultura afro-estadunidense. Ele utiliza a conversa entre hooks e Hall para se transportar para um outro tempo, no passado, momento em que as articulações políticas davam-se, sobretudo, no poder de uma conversa frente a frente. E eu cito: "na época dessa conversa, o pessoal ainda podia ser político sem se tornar refém de um narcisismo debilitante" (p. 5). Uma posição controversa. As redes sociais podem ser esse espaço para reproduções narcísicas, impulsionadas pelos algoritmos neoliberais e conservadores, contudo, são também, hoje, um espaço outro para experiências de multiplicidade, de circulação de informações para inúmeros públicos, de manifestações de movimentos sociais e suas reivindicações, de disseminação de conhecimentos populares e científicos.

O que posso dizer, ao ler a conversa entre essas duas figuras icônicas do pensamento negro, é que o pessoal e o político imbricam um terceiro elemento, o campo do desejo, um fluxo que se movimenta em direção a um futuro incerto em que não há somente espaço para a dor e o ressentimento. Há possibilidade de transmutação. E tentarei, assim, mostrar como acompanhei esse fluxo e apresentar alguns pontos que me parecem fundamentais para nós, deste lado do continente amefricano, para usar a expressão de Lélia Gonzalez. As ideias e preocupações que eles tinham, há quase trinta anos, são contemporâneas e ajudam a fazer relações com o nosso tempo.

O primeiro ponto tem a ver com a maneira como eles debatem suas diferentes formas de falar e de escrever, tanto em seus espaços de trabalho acadêmico quanto em lugares cotidianos, das relações íntimas. De um lado, hooks fala em como os diálogos com estudantes, colegas de trabalho e pessoas comuns são fundamentais para a sua escrita, que, para ela, tem um vínculo direto com as conversas. Segundo ela, as conversas catalisam sua escrita. De outro lado, Hall, situado em algumas gerações anteriores, conta que a fala e a escrita não estão diretamente conectadas, mas que ele se interessava, e muito, pelos testemunhos cotidianos que as pessoas – inclusive de seu círculo familiar, sobretudo as mulheres – davam em relação às suas rotinas, por exemplo. Para hooks, a conversa traz frescor e criação; para Hall, o transpõe para uma temporalidade lenta na qual é impossível se apressar. Assim, também é bom desacelerar para ler *Funk sem cortes*.

No tempo lento, ambos se encontram na centralidade que eles dão à brincadeira e à jocosidade que estão tão presentes nas falas vernaculares e que vão perdendo esse brilho nas conferências engessadas e nos protocolos formais do ambiente acadêmico. Para eles, brincar é coisa séria e permite uma abertura para o improviso e para experiências concretas e íntimas.

Como menciona Gilroy, o pessoal e o político estão presentes nas narrativas de hooks e Hall, mas ele se esquece de um agente fundamental para a transformação: o desejo. Eles mostram que o tema do prazer, não somente no sentido sexual, mas em sentido amplo de gozo, não tem a devida atenção tanto no movimento negro quanto no feminista, inibindo outras possibilidades de se fazer e pensar políticas. "Para termos essa visão política progressista da qual estamos falando, nós precisamos incluir nela a importância do prazer como algo que nos permite lidar com as dificuldades", fala hooks (p. 82).

O desejo também impulsiona a criatividade e o poder da escrita, escrita essa que é tão central para pensadoras negras encontrarem um lugar e darem vazão a seus pensamentos e conhecimentos, de um modo distinto dos padrões normativos da branquitude das instituições e da sociedade.

Os dois também comentam, em diferentes passagens do diálogo, um incômodo com um certo enclausuramento promovido pelas instituições educacionais às quais estão vinculados e de um certo desgaste psíquico e emocional que envolve serem professores, escritores e terem uma grande notoriedade. Falam sobre o peso da fama e, não menos importante, de dar visibilidade a um pensamento vivo, como intelectuais negros, em espaços da branquitude britânica e estadunidense.

Um ponto alto da conversa, a meu ver, diz respeito à importância de trazer a ideia de uma solidariedade feminista entre homens negros e mulheres negras, que borra as fronteiras de gênero e suas relações bélicas de oposição. Além disso, também falam sobre as possibilidades de desconstrução das masculinidades negras, que ficaram subsumidas às pautas raciais e à reprodução de modelos heteronormativos de família e casamento.

É interessante notar como Stuart Hall, um homem negro de classe média, à época do diálogo com 64 anos, vai revisitando a relação com sua companheira e os impactos que os feminismos trouxeram para seu casamento com Catherine e, ao mesmo tempo, como, em certa medida, a emergência dos feminismos negros, nos anos 1970, em contexto britânico, fez com que algumas poucas lideranças masculinas negras em espaços acadêmicos tivessem que recuar para dar espaço para um movimento político forte que, talvez, tenha produzido silenciamentos.

Por outro lado, há uma boa parte do livro dedicado a pensar na força da natureza patriarcal na cultura negra e da reprodução de heteronormatividades, questão que também está presente no contexto atual no Brasil tanto nos movimentos de mulheres negras quanto nos transfeminismos negros. Essa problemática também se relaciona, como a dupla mostra, a uma resistência por parte de professores homens a se abrirem a novas bibliografias e leituras e de não quererem abrir mão de suas posições patriarcais – temática que também está muito presente no debate atual nos ambientes escolares e universitários.

"Caminhei na direção de outra versão de mim mesmo" (p. 36), confessa Hall, que vai mostrando como ele tenta escapar dessa posição de autoridade masculina e pensar nos efeitos que a reprodução das heteronormatividades têm em sua vida pessoal e política. Ao mesmo tempo, hooks desloca a discussão para outro lugar e defende a força do amor livre e de relações não monogâmicas tanto em suas próprias relações afetivo-sexuais quanto para propor novos modelos de família ou ainda a dissolução das famílias.

Tanto um quanto o outro não quer ser categorizado em classificações estanques e essencialistas que associem identidade a um estilo de vida. Falam em experiências homossexuais e do protagonismo de intelectuais gays e lésbicas negros para a construção de outros campos do pensamento negro. Também comentam livremente sobre práticas que não estão enquadradas nem na heterossexualidade nem na homossexualidade, mas não mencionam, curiosamente, a bissexualidade, a pansexualidade ou a transgeneridade. Claro que temos que pensar que eles estão nos anos 1990 e o que estão imaginando e pensando juntos está bastante à frente do seu tempo e alcança, inclusive, o nosso tempo, em que as relações binárias e identidades fixas ainda nos perseguem.

Em relação ao tema das famílias, eles discutem a importância de diferentes modelos, situados em distintos contextos, para pensar em relações entre pessoas negras, com exemplos, inclusive, de suas trajetórias pessoais. Famílias não podem ser pensadas a partir apenas do modelo vitoriano de família burguesa (branca), com um pai, uma mãe e crianças. Há muitas maneiras de compartilhar o cuidado e construir relações de parentesco.

Nessas reflexões sobre famílias, eles entram num belo assunto: o tema da casa e do retorno às suas origens. A casa como um lugar que expulsa, violenta e adoece e, ao mesmo tempo, como um espaço de experimentação de transgressão das regras e da vivência nas fissuras das normas. A casa que pode ser tanto o espaço da família biológica, da precariedade, da ausência paterna e da matrifocalidade quanto das redes de cuidado afetivas, domésticas e públicas, nas quais os feminismos possuem um protagonismo central.

Especialmente hooks pensa o lugar da casa com um retorno a uma irmandade negra, na qual Stuart Hall seria um dos seus irmãos. "Sinto que poder falar com você é um retorno" (p. 168), diz ela gentilmente. Um retorno a um lar construído por meio de relações mais igualitárias, intergeracionais, que se fazem por meio do reconhecimento de si e de uma coletividade. Hall, por sua vez, tem mais dificuldade em imaginar o retorno para casa, que ele associa ao lugar em que nasceu e cresceu, a Jamaica, onde já não se sente mais pertencente, um ambiente que lhe traz experiências de adoecimento e de reprodução de normas que o aprisionavam. Como seria voltar para casa?

Voltar para casa, a meu ver, seria resgatar a centralidade das boas conversas nos espaços de convivência domésticos e públicos, contemplar as adversidades da vida negra acompanhando o cotidiano dos irmãos e das irmãs na e da diáspora, dialogar nos ambientes acadêmicos com respeito às divergências e às diferenças. Conversas que podem atravessar, como fala Hall, as "fronteiras segregadoras geográficas, espaciais, intelectuais" (p. 62) para o fortalecimento de uma perspectiva política negra. E, completa hooks, uma perspectiva política feminista negra, de cunho marxista e freiriano... E assim a conversa se prolonga e imaginamos como ela poderia ter terminado. Cabe a você desfrutar e descobrir os caminhos abertos, que levam a vários finais.

*Silvana de Souza Nascimento*

# FUNK SEM CORTES

Em um incrível encontro de mentes, os teóricos culturais bell hooks e Stuart Hall se reuniram para uma série de conversas abrangentes sobre aquilo que Hall resume como "vida, amor, morte, sexo". Do trivial ao profundo, cruzando fronteiras de idade, sexualidades e gêneros, hooks e Hall dissecam tópicos e temas de contínua relevância contemporânea, incluindo feminismo, lar e retorno ao lar, classe, masculinidade negra, família, política, relacionamentos e ensino. Em seu diálogo fluido e sincero, Hall e hooks se estimulam e também ao público leitor, e o resultado é um livro que fala sobre o poder da conversa como um espaço de pedagogia crítica.

"Eu quero meu funk sem cortes."

**– George Clinton**

# INTRODUÇÃO

Lendo esta conversa, é impossível ignorar a forma como a linguagem da cultura política negra tem sido empobrecida ultimamente. A poesia insurgente da transformação social tem sido devastada, e a agenda da libertação, restringida. Hoje, essa poesia e essa agenda são espremidas para caber no mínimo espaço fornecido por frases de efeito e *hashtags*, *tweets* e memes, curtidas e seguidores. Uma solidariedade essencialmente dócil e mediada por computador parece estar se tornando a norma. Redes digitais surgem da transmissão de horrores espetaculares e da coreografia convencionalizada da resistência negra, mas essas redes não costumam criar mais que a miragem de um movimento. Na tela, o racismo, o capitalismo e o militarismo parecem intratáveis. Fora da tela, mobilizações em larga escala ocorrem e evaporam rapidamente. A ordem racial estagna ou parece piorar. Dar voz a modos de vida alternativos e contestadores se torna progressivamente mais difícil. O cansaço e a ansiedade se instalam. A tradição radical é rotineiramente invocada, mas sem profundidade. A história se torna um mero contexto, habitada esparsamente por ícones brilhantes e célebres. Este mundo acelerado tornou difícil sequer imaginar que bell hooks e Stuart Hall pudessem ter conversado em tempo real, falando e se ouvindo em uma mesma sala.

O diálogo de hooks e Hall foi, é claro, produto de uma conjuntura particular. As palavras e os conceitos que eles empregam foram endereçados aos processos históricos de sua formação, mas as ideias ainda reverberam, viajando até nós pelas décadas e, assim, adquirindo maior ressonância. Ao nos remeter a suas fontes remotas, seu intercâmbio pode ajudar a recuperar e aguçar a sensibilidade histórica do público leitor de hoje. As discussões sobre a vida intelectual, sobre masculinidade e feminilidade, patriarcado e psicanálise nos levam aos limites de nossa própria noção de tempo político e geracional. As vozes de hooks e Hall soam contemporâneas. Suas respostas cuidadosas e suas vívidas esperanças não são apenas uma valiosa contribuição para o arquivo empoeirado de um movimento em declínio, mas ainda podem ser importantes para o seu curso futuro.

O valor duradouro deste exercício se relaciona à sua forma dialógica. A conversa não só captura uma abertura e generosidade incomuns de ambos os participantes, mas também encena uma possibilidade rara e preciosa, ou seja, de que homens negros e mulheres negras podem, em conjunto, criar e habitar um espaço ideal de comunicação livre e igualitária. Nós estamos bem familiarizados com essa possibilidade em outros contextos vernaculares em que o trabalho e a diversão coletivos ou colaborativos não apenas criam prazer, mas também encorajam aquelas pessoas que atuam em conjunto e respondem ao sofrimento com solidariedade. Aqui, nós descobrimos que intelectuais dissidentes também podem ser divertidos, amorosos e críticos mesmo quando refletem sobre as questões mais íntimas e difíceis sobre vida em família, lar e parentesco. Deixemos de lado toda a ansiedade e paranoia de hoje sobre se os conceitos e as frases usadas são corretos ou não, e assim poderemos aprender a partir deste contexto de confiança que foi estabelecido. Em outras palavras, esta discussão fornece um exemplo pedagógico prático para uma cultura radical agora menos capaz de digerir os desacordos internos que inevitavelmente surgem ao longo de linhas geracionais, táticas e de gênero.

A disciplina e a formalidade evidentes no formato conversacional atraem a atenção dos leitores, que são convidados a apreciar o tom e o timbre destas vozes entrelaçadas imbuídos do mesmo espírito com o qual os participantes desta conversa se ouviram atentamente. Contraponha este dueto existencial com as declamações clássicas e comoventes de Donny e Roberta\*, Aretha e Benson\*\* ou Bobby Womack e Patti LaBelle\*\*\*, e você começará a ver os esforços ocultos por um verniz de aparente facilidade. A atenção mútua exigida pelo movimento improvisado de vozes pareadas é educativa, nos encoraja a praticar uma escuta profunda e, quem sabe, nos deixa levar em um tipo de leitura mais lenta e contemplativa do que a tela iluminada permitiria.

O público leitor contemporâneo pode sentir necessidade de fazer alguma tradução. A liturgia centrada nos

---

\* Donny Hathaway (Illinois, 1945 – Nova York, 1979), cantor e compositor; Roberta Flack (Carolina do Norte, 1937), cantora, pianista e compositora. [N. do T.]

\*\* Aretha Franklin (Tennessee, 1942 – Michigan, 2018), cantora e compositora; George Benson (Pensilvânia, 1943), cantor e guitarrista. [N. do T.]

\*\*\* Bobby Womack (Ohio, 1944 – Califórnia, 2014), cantor e compositor; Patti LaBelle (Pensilvânia, 1944), cantora e atriz. [N. do T.]

Estados Unidos de uma conversa identitária genérica e típica da internet se encontra totalmente ausente aqui. Esses fatores não existiam quando estes diálogos aconteceram. Aqui não há invocações casuais de privilégio ou vitimização. O senso comum que projeta a interseccionalidade na ontologia política é implicitamente desafiado, sendo respondido com uma interpretação alternativa da análise interseccional como um *método* vital e dinâmico capaz de iluminar de forma crítica a luta a fim de interpretar um mundo intimidadoramente complexo e, assim, operar mudanças em direção a um mundo melhor. Essa abordagem otimista implica entender como, nos termos de Hall, diferentes conflitos e contradições se articulam em circunstâncias históricas e econômicas específicas.

Com a intensificação da globalização, a cultura afro-estadunidense foi adquirindo novos tipos de valores, distantes das condições e das pessoas que a produziram. Seus guardiões e intermediários, em sua maioria oriundos da geração que dessegregou as instituições educacionais de elite dos Estados Unidos, buscaram uma nova voz e encontraram um nível de atenção midiática sem precedentes. Alguns poucos intelectuais negros supostamente excepcionais se encontravam sob um holofote com o qual seus ancestrais como Du Bois* e Anna Julia Cooper** não tiveram de lidar. Seu dilema impossível era cada vez mais reconhecido, geralmente como um item exótico, embora morbidamente prestigioso, nas prateleiras de troféus do multiculturalismo corporativo.

---

\* W. E. B. Du Bois (Massachusetts, 1868 – Acra, Gana, 1963), escritor, sociólogo, historiador e ativista pelos direitos civis. [N. do T.]

\*\* Anna Julia Cooper (Carolina do Norte, 1858 – Washington, D.C., 1964), escritora, educadora, socióloga e ativista do movimento pela libertação negra. [N. do T.]

Nossos dois conversadores se encontram nos destroços de derrotas passadas. O resíduo de contraculturas precedentes fornece um pano de fundo para suas trocas. Alguns dos debates teóricos então vivos naquele ponto estão agora desaparecidos ou perderam sua força no mundo, mas os escritos de Frantz Fanon se mantêm presentes – uma bússola conceitual efetiva no tempo deles e no nosso. As intervenções de Fanon são fundamentais para este diálogo, que é politicamente orientado por eventos como a "Marcha de Um Milhão de Homens" da Nação do Islã\*.

E o mais importante, na época desta conversa, o pessoal ainda podia ser político sem se tornar refém de um narcisismo debilitante. Os leitores são incentivados a se familiarizar com um momento de reequilíbrio dos protestos e afirmações do Atlântico negro durante a década de 1990. Após o Black Power, esse momento se distinguiria pela busca pública por um novo acordo feminista firmado entre homens e mulheres. Estritamente conscientes sobre relações de classe, sexualidades e gêneros, hooks e Hall estavam ligados por seu comprometimento compartilhado de explorar o que esse arranjo emergente implicaria. hooks e Hall são intelectuais conectados em sua oposição a um anti-intelectualismo que induz à inércia, mas seu diálogo é construído, acima de tudo, sobre a determinação comum de encontrar formas de agir politicamente que estejam sintonizadas não apenas com posicionamentos feministas,

---

\* A Nação do Islã é um grupo político religioso fundado por Wallace Fard Muhammad em 1930, cujos objetivos giram em torno da melhoria da condição social e da consciência espiritual das pessoas negras nos Estados Unidos e no mundo. A "Marcha de Um Milhão de Homens", organizada pela Nação do Islã, aconteceu em 1995 em Washington, D. C., como um protesto contra os problemas enfrentados pelas comunidades negras nos Estados Unidos e em prol da união e da revitalização dessas comunidades. [N. do T.]

mas também com uma obstinada insistência feminista na transformação do cotidiano.

Essa tarefa não poderia ser assumida sem um entendimento das subjetividades negras como subjetividades ontologicamente profundas, complexas em seus desejos e desesperadamente necessitadas de confortos fornecidos, de um lado, pelos processos de escrita e, de outro, por uma variedade de auxílios psicoterapêuticos – espirituais e seculares. Levando adiante o reconhecimento dessas forças psíquicas indisciplinadas em jogo, tais discussões empreendem um esforço de tirar algo útil das intrincadas transições de classe e das jornadas transformadoras e migratórias feitas por hooks e Hall. Essas autobiografias do deslocamento são usadas para interligar divisões geracionais e empíricas. Hall e hooks não têm medo de perscrutar áreas da vida privada que ainda podem ser difíceis de reconhecer, em particular, a importância da saúde e da doença, da enfermidade crônica e da morte. Seu discurso sobre a mortalidade configura um tema definitivo e fundamental. É uma chave para a moralidade radical e horizontal deste projeto. O tempo todo ambos se recusam a ser empurrados para fora deste mundo mortal e fugaz em direção ao reino iluminado do especial e do exaltado. De forma consciente, seu diálogo ajuda a desmantelar o pódio no qual ambos foram postos pela contingência, e não por seus talentos individuais indiscutíveis. Essa modéstia incomum aumenta o poder desta conversa. Hoje, este é um incentivo bem-vindo para que resgatemos hábitos políticos valiosos que se perderam com o passar das décadas.

*Paul Gilroy**

---

\* Paul Gilroy (Londres, 1956), sociólogo, professor e teórico de estudos culturais e raciais. Gilroy é autor do livro *O Atlântico negro* (São Paulo/ Rio de Janeiro: Editora 34/ UCAM, 2001). [N. do T.]

# PREFÁCIO

Conhecer intelectuais, artistas e/ou pensadores críticos negros britânicos foi um momento definidor na minha vida. As saídas, as conversas, o compartilhamento de histórias e o envolvimento em trocas dialéticas incríveis me conduziram para uma comunidade de pensadores comprometidos que, até então, estavam ausentes da minha vida. Stuart Hall foi uma figura central para todos nós. Diferente de tantos acadêmicos brilhantes, ele era uma pessoa graciosa, aberta e disposta a ser paciente com intelectuais novatos. Profundamente comprometido em realizar uma união entre a teoria e a prática, Stuart viveu sua política. Intimidada pelo escopo de suas percepções intelectuais, fiquei emocionada com sua disponibilidade de conversar comigo. Nós nos encontrávamos quase sempre em Londres. Foi um verão quente em 1996, e nos encontramos para um tradicional chá da tarde inglês em um hotel de luxo e conversamos.

Eu sempre fui fascinada pelo encontro de mentes entre dois indivíduos que, na diversidade de diálogos, poderiam nunca falar de fato entre si. Stuart Hall e eu tivemos muitas conversas. Apesar de nossa abundância de palavras, há uma ternura, uma doçura em nossa conversa, um momento de revelação pública e privada que acrescenta novas dimensões em nosso diálogo mútuo e ao nosso trabalho. Stuart se foi cedo demais, e serei eternamente grata pelo tempo que passamos juntos.

*bell hooks*

# CONVERSA ENTRE BELL HOOKS E STUART HALL

**bell:** Para mim, a conversa é um lugar de aprendizado. Eu adoro uma boa conversa. Eu vivo para isso, uma boa conversa é um dos verdadeiros prazeres que encontro na vida, mas, conforme envelheço, acho cada vez mais difícil ter uma boa conversa.

**Stuart:** Conversar também é muito importante para mim, mas nem sempre vivo por uma conversa. Eu vivo pelas narrativas. É claro, as conversas têm muito a ver com narrativas, mas existem muitos outros tipos de conversas. Eu acho que gosto muito das conversas em que as pessoas me contam histórias sobre elas mesmas, em que há um elemento confessional. Eu gosto de ter narrativas ensaiadas. Eu gosto das conversas do dia a dia. Por exemplo, meu filho chega em casa e ele está muito cansado. Ele acabou de fazer um filme sobre Brixton. Ele esteve lá com Mandela*. Fazia uma

---

\* Nelson Mandela (Mvezo, 1918 – Houghton, Johanesburgo, 2013) visitou Brixton em julho de 1996. O bairro inglês é conhecido historicamente como um dos centros mais importantes da luta pelos direitos civis das pessoas negras no Reino Unido. [N. do T.]

semana que eu não o via e pergunto: "Como vão as coisas?" Ele responde: "Ahh, eu estou muito cansado. Não sei se consigo falar disso." Como você lê isso quando tem fome de narrativas? Quando chego em casa à noite, eu quero que Catherine* me conte do dia dela, quem telefonou, as pequenas coisas que aconteceram em seu dia. Eu não me interesso só pelas coisas grandes da vida. Talvez isso seja diferente de uma conversa.

**bell:** Eu acredito que isso seja conversa. A conversa tem uma variedade polifônica. Você pode ir do mundano ao profundo em uma conversa. Uma conversa pode variar entre lições a serem aprendidas sobre o mundano até algo que seja mais profundo e excitante. Tenho pensado sobre a minha criação em um mundo onde as pessoas nunca aprenderam a ler ou a escrever, ou que não liam muito, um mundo intenso de pessoas não leitoras e não escritoras. E do que mais me lembro desse mundo é de uma paixão pela conversa. Como você acabou de dizer, sempre havia longas narrativas sobre o tempo. Meus avós acordavam bem cedo, ligavam o rádio e então começavam uma conversa que envolvia responder ao que se dizia no rádio, falar um com o outro e falar sobre o dia que começava.

**Stuart:** Ouvindo você falar, eu me lembrei de uma memória de infância sobre a qual eu nunca tinha pensado antes. Eu morava com a minha família em Kingston. Por vários motivos, nós éramos as pessoas à frente, gente moderna que tinha ido morar na cidade grande. Meu pai trabalhava em uma companhia elétrica, e minha mãe estava empe-

---

\* Catherine Hall (Kettering, 1946), historiadora e professora emérita de história social e cultural. [N. do T.]

nhada em ganhar status e subir na vida. Por vários motivos, eu achava que esse era um lugar muito proibitivo para crescer. Eu amava ir para a casa que meu pai tinha no interior, em Old Harbour, que fica fora de Kingston. Não é um lugar muito bonito. Fica no sul da Jamaica, o lado sem graça e seco, diferente da romântica costa norte. Não é uma área turística. É só uma cidadezinha empoeirada do interior. Era uma casa muito bonita, meio estilo *gingerbread**, mas nem tanto, e muito pequena. Era a casa da minha avó (a mãe do meu pai), com quem eu me pareço muito. A casa era cheia de tias, porque meu pai e o irmão dele tinham se casado e se mudado. Das cinco tias, só uma se casou e foi embora. Era uma casa de mulheres solteiras fortes e autênticas. Eram todas bem diferentes umas das outras. Minha tia, que era professora, faleceu ano passado, com 105 anos. Ela deu aulas em sua varanda dos fundos até os 102 anos de idade. Minha tia favorita trabalhava nos correios.

Eu adorava ir para Old Harbour no Natal. Eu me lembro de que não gostava de comemorar o Natal em Kingston. Era para pessoas que gostavam de coisas na moda. Mas no dia 26 nós íamos para Old Harbour. Era um Natal do interior, mas eu achava tudo maravilhoso. A melhor hora era depois do jantar de Natal, quando eu, então um menino, ia me deitar em uma cama bem grande e ouvia as tias contando as fofocas da cidade para a minha mãe. Eu adorava isso. Eu não

---

* Referência a um estilo arquitetônico surgido no Haiti no século XIX. O termo *gingerbread* que dá nome ao estilo foi difundido nos anos 1950 por turistas americanos em virtude da semelhança com o estilo vitoriano em voga nos Estados Unidos em meados do século XIX. As casas *gingerbread* do Haiti, com influências da arquitetura francesa combinadas às necessidades locais e padrões decorativos que remetem à cultura do Caribe, são caracterizadas por suas combinações de cores vibrantes, riqueza de detalhes e arabescos. [N. do T.]

conhecia as pessoas das quais elas falavam, mas achava maravilhoso. Era como uma novela sem fim. Até agora, eu não tinha pensado na forma como aqueles momentos marcam um espaço onde aprendi a amar ouvir as pessoas conversando comigo sobre o seu dia a dia. E faz sentido, porque aquele lugar era um repositório muito poderoso de coisas positivas. É um polo positivo na minha infância. Todas as coisas negativas giram em torno da casa da minha família, enquanto as coisas positivas giram em torno da casa das minhas tias e da minha avó.

**bell:** Você acabou de me fazer pensar em como sempre falamos que é perigoso dizer qualquer coisa em nossa casa. Por exemplo, em nossa casa minúscula, depois de comer, todos vão se deitar em camas separadas para descansar, mas todo mundo continua ouvindo. Então, de qualquer canto ou cômodo, você pode ouvir uma resposta quando pensou que estava conversando só com uma outra pessoa. Todo mundo sente que, se você tem alguma coisa que quer realmente manter em segredo...

**Stuart:** É melhor nem dizer!

**bell:** Sim, e, como eu era uma menina do interior, fui para a faculdade pensando que seria o lugar para esse tipo de conversa. Era como se a faculdade fosse substituir as discussões da nossa cidadezinha e dos nossos bairros por ideias, e ainda nos levantaríamos cedo de manhã para sentar e conversar. Eu me lembro que a falta de espaços de conversa foi uma das minhas decepções mais profundas quando cheguei em Stanford. É claro, no passado, a faculdade tinha designado salas onde as pessoas podiam se reunir para tomar chá e conversar.

**Stuart:** Sim, e quando você chegou lá, essas salas não eram mais usadas para isso. Eu não sei se sabia tanto da faculdade para chegar a imaginar como seria.

**bell:** Mas foi por não saber como era que acabei imaginando.

**Stuart:** Sim. Eu devo dizer que, embora não o tempo todo, mas muitos dos anos que eu passei em Oxford, e eu passei muito tempo lá, seis anos, foram tempos de conversas políticas e intelectuais radicais e intensas. Foi onde a Nova Esquerda* começou e todas aquelas pessoas estavam por lá. Nós tínhamos uma grande moradia estudantil onde as pessoas viviam, e o lugar estava sempre cheio de várias pessoas do Caribe, pessoas da esquerda, estudantes de literatura, de arte, e não só gente da universidade. Era um lugar de uma diversidade muito, muito intensa e de uma intensa conversação. Se eu entrei na faculdade esperando ter conversas, minha expectativa foi atendida de certa forma.

**bell:** Você acha que isso tem a ver com a época?

**Stuart:** Sim, era o fim dos anos 50, começo dos anos 60. E não quero romantizar nem nada, porque havia outras coisas que eu odiava lá. Eu não queria ir para Oxford, e eu odiava Oxford quando saí de lá, então não quero envernizar a coisa. Mas foi lá que a *Universities and Left Review*** começou e foi quando eu pude construir uma vida independente

---

\*   Nome que faz referência a uma ampla gama de movimentos ativistas de esquerda surgidos na Europa e nos Estados Unidos entre o fim dos anos 1950 e início dos anos 1960. [N. do T.]

\*\*  Revista socialista fundada em 1957 por estudantes de Oxford, incluindo Stuart Hall. [N. do T.]

pela primeira vez. Eu saí de casa e fui para a faculdade, onde cuidavam de você por um ano. Então me mudei para uma república onde organizei um centro alternativo – um centro radical, político e literário – e lutei contra a Oxford oficial e tudo o que a faculdade representava. Tudo isso rendeu uma boa intensidade intelectual. Era tudo muito animador.

**bell:** Como eu saí de um cenário da classe pobre e trabalhadora para ir para Stanford, sempre tive que trabalhar e estudar para comprar livros e pagar as contas. Isso me colocou em um espaço de intelectual "aspirante" em meu ambiente de trabalho, e uma das formas com as quais eu lidei com isso foi tendo conversas. Eu podia ficar ali sentada com meu microfone atendendo ligações o dia inteiro e, enquanto isso, estimular todo mundo a conversar sobre nossas vidas. Quando comecei a escrever *E eu não sou uma mulher?*, eu trabalhava em uma companhia telefônica e conversava com todas aquelas mulheres sobre as percepções que elas tinham da feminilidade negra. Foi um espaço muito importante. E por causa dessas experiências eu sinto que a conversa é um espaço de pedagogia em potencial. Quando as pessoas se reúnem na hora do almoço, sejam de classes diferentes ou não, há sempre uma possibilidade de compartilhar em uma conversa.

**Stuart:** Sim, compartilhar para além dessas fronteiras. Uma das coisas boas da conversa, ao contrário de conferências ou ocasiões formais mais rígidas, é, claro, sua fluidez. A conversa pode ir do trivial ao profundo, de dentro para fora, atravessando fronteiras de sexualidades e gêneros, fronteiras de experiências. E isso nos passa uma noção do dialógico, da conversa como troca.

**bell:** Outro dia um encanador negro, sulista, esteve na minha casa e eu disse para ele: "Eu não consigo manter essa banheira limpa!" E ele disse: "Você tem algum produto aí?", e eu respondi: "Ah, eu tentei limpar." Então fui buscar o produto de limpeza que ele pediu. O homem limpou uma pequena área e disse: "Ah, isso é um truque. Você só queria que eu limpasse a sua banheira." Então nós começamos a conversar sobre gênero e papéis.

**Stuart:** Uma coisa que você não poderia ter feito de outra forma. Se você tivesse proposto o assunto como um tema formal de troca, não teria dado certo.

**bell:** Eu ia almoçar com Anthony Appiah* aquele dia, então disse para ele que eu precisava sair. O homem perguntou: "Com quem você vai almoçar? Com o homem da sua vida?" Eu respondi: "Na verdade, eu vou almoçar com um amigo gay." Então ele me disse para esquecer isso, que ele era casado, mas que podia ser "meu amigo especial". Isso iniciou toda uma outra conversa sobre morar no Village e sobre o que a homossexualidade significa em termos de amizade. Isso sempre foi algo que me intrigou enquanto pensadora, a possibilidade de engajar o conhecimento através de diferentes tipos de fronteiras. Eu fico um pouco triste pelo fato de a minha vida ter se centrado mais ao redor das instituições – a universidade se tornou um lugar mais difícil para eu ter certos tipos de conversa. Tenho pensado que esse apelo para falar nos circuitos formais de palestras nega muito a conversa. Ser paga para falar, para palestrar, traz para o ato de dialogar sobre ideias um espírito de violação, de modo que a alegria da conversa é negada.

---

\* Kwame Anthony Appiah (Londres, 1954), filósofo e escritor anglo--ganês. [N. do T.]

**Stuart:** Eu estava dizendo que os anos 50 e 60 facilitaram certos tipos de conversas, mas também acho que isso pode ter a ver com as fases da vida. Eu não sei se já tive muitas conversas como esta. São poucas as pessoas com quem eu tenho este tipo de conversa hoje em dia. Isso pode ter a ver com aquilo que você estava falando antes, que ensinar, sermos pagos para ensinar, é como sermos pagos para falar, e a qualidade da fala é modificada por esse fato.

**bell:** Eu estava pensando nas condições em que Cornel West* e eu fizemos *Breaking Bread* [Partindo o pão]. Eu me lembro de que a gente se encontrava em Nova York e às vezes ele ia até Oberlin, Ohio. Lá nós caminhávamos por aquela cidadezinha de plantações de milho e cantávamos canções um para o outro, nos sentávamos com nossos uísques à noite, e hoje não consigo me imaginar fazendo isso com ele. Eu mal o vejo. Quando nos falamos, nós falamos na correria, nada daquelas conversas mais demoradas. Eu me lembro de que havia várias liquidações de bens que parávamos para olhar, e penso como todas essas coisas mudaram a natureza de nossa forma de discutir ideias.

**Stuart:** É uma questão de ritmo como qualquer outra coisa. Se você vive o resto da sua vida em um determinado ritmo intenso, esse ritmo simplesmente não combina com o ritmo da conversa. Não dá para se apressar. Precisa haver um certo espaço em torno da conversa que a permita ir ou vir, durar um tempo curto ou longo, ou se organizar em torno de coisas já ditas.

---

\* Cornel West (Tulsa, Oklahoma, 1953), professor, filósofo, escritor e ativista. [N. do T.]

**bell:** Meus primeiros livros foram pensados a partir de conversas, porque eu me encontrava no limiar entre a academia e o mundo do trabalho. Quando estava escrevendo *E eu não sou uma mulher?* e trabalhando quarenta horas por semana na companhia telefônica, eu tinha essa noção de que, se tivesse uma ideia, aquele era o lugar onde poderia testar essa ideia. Podia haver essa conversação contínua, e minha noção do livro surgia enquanto eu falava sobre ele com outras pessoas, não em um diálogo interno e silencioso comigo mesma.

**Stuart:** Eu não penso a escrita assim. Mas é assim que eu penso no pensar. Então, nesse sentido, em um período mais prolongado, sempre trabalhei melhor com um grupo de pessoas envolvidas e que, portanto, conversavam constantemente de uma outra forma sobre as nossas ideias. Escrever, para mim, é uma coisa muito mais isolada, mas isso não quer dizer que não haja uma adoção consciente do que poderíamos chamar de voz conversacional. Na minha escrita, eu sinto que mais falo que escrevo o que estou dizendo. Quando eu só escrevo, escrevo de uma forma muito coagulada, mas assim que penso sobre a escrita da forma como eu falaria, escrevo de um modo muito mais acessível e natural. Embora a escrita não venha a partir da conversa com outras pessoas, há um traço de conversa aí.

**bell:** Muitas pessoas apontaram esse elemento conversacional no meu trabalho, e isso se aplica no meu caso porque de fato o meu trabalho é inspirado em conversas do dia a dia. Eu acabei de terminar um livro novo de ensaios sobre cinema, e um dos ensaios surgiu de uma ida ao cinema para ver *Pulp Fiction* na companhia de uma pessoa amiga. Saímos do cinema à meia-noite. Depois de uma conversa intensa e apaixonada sobre o filme, eu fui para casa e passei a noite escrevendo. Eu queria que a escrita tivesse o frescor e a intensidade daquela conversa. Se passa muito tempo entre eu ter visto um filme e falar sobre ele, não consigo levar essa intensidade para a escrita.

**Stuart:** Eu não penso a escrita assim. Por exemplo, não gosto de falar sobre filmes logo depois de ter visto. Fico irritado com pessoas que logo querem contar o que acharam. Eu gosto de deixar o filme e as imagens assentarem. Nesse sentido, a escrita é, para mim, uma conversa interna. Mas não quer dizer que isso não me faça olhar para trás em busca do resquício de todas as conversas que ocorreram antes e retornam na escrita. Eu não penso na escrita como a captura de uma conversa.

Conversas têm a ver com pessoas. Em parte, tem a ver com as amizades e as pessoas que temos ao nosso redor. Aqui estou eu, em uma posição estranha, porque estou fora da minha geração. As pessoas de quem me sinto mais próximo agora, com quem eu converso, são de uma geração diferente daquela na qual cresci. Eu saí da geração na qual cresci emocionalmente e com certeza intelectual e politicamente. Eu sinto que renasci em um outro tempo. É realmente muito estranho descobrir que as pessoas não podem mais imaginar sua idade. Eu vejo isso quando digo que estou aqui há bastante tempo, e as pessoas perguntam se eu nasci nos anos 60. E eu digo: "Não, eu nasci nos anos 50!". Eu tive relações bem intensas com as pessoas nos anos 50. Eram pessoas mais velhas que eu, o que me leva ainda mais para trás. Eram pessoas nascidas depois da guerra dos anos 40, e toda essa geração deixou de estar presente para mim há uns vinte, vinte e cinco anos. Isso significa que as pessoas com quem eu converso são muito mais jovens que eu, e não é só uma questão de idade, é mais o fato de que a experiência delas é muito diferente. E é isso o que quero. Eu não estou reclamando, mas isso altera a natureza da conversa. Conversar é mais como ensinar. Existe esse personagem da pessoa mais velha e o estudante, embora sejam as pessoas que ensinam, enquanto eu aprendo.

**bell:** Nós já falamos muitas vezes que Paul Gilroy não parava de dizer: "Vocês dois precisavam conversar". E eu respondia: "Mas, você sabe, eu fico intimidada". Eu fiquei com medo, e você acabou de tocar no motivo. Geralmente falo com pessoas muito mais jovens que eu, ou com colegas e amigos da minha idade. Diálogos intergeracionais não costumam acontecer com muita frequência. Eu me pergunto o quanto essa falta nos diminui. Eu me lembro de Toni Cade Bambara\* me dizendo uma vez que, em algum ponto de sua vida, ela olhou em volta e viu que só falava com pessoas mais jovens que ela. Ela não achava que isso era bom para o seu desenvolvimento intelectual e emocional. Ela sentia que precisava ter uma variedade de pares. E o fato de Toni estar sempre dialogando com públicos mais jovens a fez pensar sobre a relação entre fala e poder. "Mas como é que eu vou falar com Stuart? Será que eu me vejo como um par dele?" É interessante pensar sobre o espaço que permite que a conversa aconteça.

**Stuart:** Eu entendo a forma como ela se sentia; mas não sei se tenho me sentido assim. Eu não sei se poderia fazer alguma coisa sobre a constância das conversas intergeracionais na minha vida por causa de duas transições que vivi.

---

\* Toni Cade Bambara (Nova York, 1939 – Pensilvânia, 1995), escritora, cineasta, ativista e educadora. [N. do T.]

Uma delas foi migrar para a Inglaterra no fim da juventude, no começo da minha vida adulta, e isso significa que eu já perdi uma geração, a geração com a qual eu me formei, a geração da minha adolescência. Eu perdi toda essa geração. Não quer dizer que eu não conheça as pessoas. Eu as vejo quando volto para a Jamaica, mas a experiência delas nos anos 60 e 70* foi tão profunda e tão profundamente diferente da minha, que também foi profunda. São duas experiências diferentes. Aquelas pessoas não são mais minhas interlocutoras. Relembrando, essa foi uma das direções que a minha vida tomou, e teve outra também, que eu tomei quando cheguei aqui, da qual já falei, aquela da universidade e da Nova Esquerda. Eu me desviei bastante disso em algum ponto nos anos 60. Em algum ponto nos anos 60, eu mais uma vez me tornei uma pessoa diferente. Mais uma vez, aquelas pessoas que conheci e conhecia muito bem, e de algumas delas eu ainda me sinto bem próximo, mas de outras não me sinto tão próximo assim e não me sinto há um bom tempo. Eu acho que nem conseguiria ter uma conversa com algumas dessas pessoas porque elas não fazem ideia de quem eu sou.

**bell:** Eu senti isso mais profundamente dentro do movimento feminista. Eu continuei tentando me expandir enquanto muitas pessoas com quem comecei a conversar no início dos anos 70 não continuaram a querer expandir o significado do feminismo, as fronteiras do feminismo. Na verdade, existe um movimento de afastamento dessa

---

\* A Jamaica deixou de ser uma colônia do Império Britânico em 6 de agosto de 1962. Então, o país passou a integrar o Commonwealth, um grupo de nações que ainda fazem parte da Comunidade Britânica, e, mais recentemente, anunciou o início de um processo de rompimento definitivo com a Coroa. [N. do T.]

expansão. O salto para os estudos culturais foi uma forma de me salvar daquele momento estático, daquela conversa que, de alguma forma, havia acabado.

**Stuart:** Diferente de você, quando eu falo de uma geração política, eu falo de uma geração extremamente ativa na libertação, mas que chegou a um fim geracional, em parte, porque todo mundo morreu. O movimento deixa de sustentar você porque não se move junto com você. E quando você fala sobre os estudos culturais como uma forma de expandir as fronteiras, eu entendo, porque também foi assim comigo. Então, quando digo "os anos 60", estou pensando em tudo o que os anos 60 significam politicamente, mas também me refiro aos estudos culturais. E particularmente ao comunismo. Isso faz parte do que me tornou, de uma forma profunda, uma pessoa diferente. E o interessante é que isso me deu uma nova visão sobre a primeira geração feminista dos anos 60 e 70. É a geração de Catherine, e ela é muito mais jovem que eu, treze anos mais jovem.

**bell:** Meus alunos ficaram realmente obcecados por sua discussão sobre os estudos culturais e o feminismo rompendo barreiras, e ficaram particularmente perturbados com o seu uso do imaginário do cocô.

**Stuart:** Merda.

**bell:** Sim.

**Stuart:** As pessoas na Inglaterra também. Eu não pensei na coisa por esse lado. Eu pensei como um dito antigo: "Não cague na mesa do café". Quer dizer, não chegue em um lugar respeitoso e faça uma observação desrespeitosa. Eu quis dizer mais nesse sentido, mas, é claro, quem sabe o que as pessoas vão achar em seu inconsciente. Para mim, podemos dizer que havia muita merda ali, e tinha mesmo, mas eu não quis dizer nesse sentido. Foi isso o que o feminismo fez, foi o que feminismo teve que fazer.

**bell:** O feminismo teve que criar uma ruptura.

**Stuart:** Absolutamente. O feminismo teve que entrar em uma conversa que se concebeu como um diálogo disruptivo. Era o centro progressista, a ala esquerda, marxista, os estudos acadêmicos comprometidos dentro da universidade etc., e no centro dessa conversa, o feminismo teve que fazer seu próprio trabalho disruptivo.

**bell:** E é interessante porque há poucas coisas que eu disse e das quais me arrependo. Ano passado, em uma entrevista para a revista *Vibe*, eu disse que Oprah Winfrey estava ocupada demais lambendo as bolas da cultura branca para se envolver com qualquer coisa interessante, e as pessoas me responsabilizaram por essa fala como se tivesse sido uma forma de violação sexual. Eu fiquei chocada porque não vi isso como uma coisa particularmente obscena ou escandalosa a se dizer. De nenhuma forma pensei nisso como uma fala invasiva. Isso faz parte daquilo que causou um tipo de quebra dentro do feminismo, esse desejo de restringir os limites da forma como falamos sobre certas coisas, uma espécie de verniz politicamente correto e bem denso.

**Stuart:** Isso já me aconteceu uma ou duas vezes antes. Uma vez quando eu estava filmando *Redemption Song*\* na Guiana.

---

\*   Série em sete episódios que trata dos legados culturais e históricos do Caribe, apresentada por Stuart Hall em 1991. [N. do T.]

Nós fomos até a Guiana principalmente para falar sobre a questão do trabalho por contrato*.

A situação chegou em um ponto em que havia muito mais relações polarizadas entre indianos e negros do que a maioria das pessoas fora da Guiana sabia. Durante as filmagens, uns cabeleireiros indianos mais jovens disseram coisas horríveis sobre os africanos guianenses. Nós deixamos uma dessas falas porque, na hora de escolher, pensamos: "Nós não gostamos disso, mas é como eles se sentem". Nós sentimos que o programa precisava comunicar que os indianos se sentiam extremamente oprimidos por um governo negro. Então nós deixamos umas dessas falas. Isso causou uma tempestade enorme no Caribe. Eu fui em um restaurante guianense um mês atrás, e, lembre-se, nós gravamos o programa faz dois anos e meio, e as pessoas ainda se lembram dessa fala: "Nós trabalhamos duro, e os negros nos tratam como cães". Houve centenas de depoimentos do tipo, mas escolhemos esse porque nos perguntamos o que estaríamos fazendo se todos fossem censurados porque não queríamos essas falas no ar. Eu não tenho esse tipo de sentimento em relação ao que falei sobre o feminismo. Eu fui capturado em um túnel do tempo. Eu acho que a frase "cagar na mesa do café" é um dito antigo, dos anos 50, que eu peguei de uns amigos estadunidenses que ninguém conhece. Eu não devia ter usado essa frase, realmente, e não estou negando o que você disse sobre o politicamente correto. O feminismo tem sérios problemas em negociar.

---

\* O quinto capítulo da série analisa as tensões entre a população negra, indiana e chinesa em Trinidad e na Guiana. Após a proibição do tráfico negreiro e da escravidão no Império Britânico, a Inglaterra encontrou, na mão de obra indiana e chinesa, uma alternativa para a escassez de mão de obra nas colônias. A inserção desses trabalhadores, realizada por meio de contratos de trabalho, causou uma série de conflitos políticos, sociais e econômicos. [N. do T.]

**bell:** Você pode falar um pouco sobre a intersecção entre seu trabalho intelectual naquele ponto específico em que o feminismo entra em cena e sua vida privada na época em você construía uma relação com uma pensadora feminista? Eu sinto que os homens que mais foram mudados pelo feminismo foram os homens que viveram essa convergência entre a vida pública e intelectual do feminismo e também uma vida privada de interrogações feministas. Especialmente quando penso em homens da esquerda e olho para a história da esquerda. Por exemplo, alguém como Cornel, que não teve, no espaço de suas relações privadas, uma troca contínua com uma parceira feminista sempre presente. Eu penso que qualquer parceira feminista que um homem ou uma mulher tenha geralmente está sempre comprometida com a causa.

**Stuart:** Com certeza. E eu sinto que você está certa sobre a intersecção do intelectual público e da vida privada. Eu não tinha pensado que esse é o impacto com o maior efeito, mas pode ser.

**bell:** Passado aquele momento em particular, o momento da entrada do feminismo, que operava como uma intervenção, passado esse momento de militância, então muitos homens puderam voltar para um espaço e um lugar onde eles não pensavam no feminismo. Os homens que permaneceram total e profundamente engajados em um nível emocional e intelectual com o pensamento feminista em suas vidas privadas, e em suas vidas públicas também, não puderam fazer esse tipo de retrocesso.

**Stuart:** No meu caso, isso aconteceu no público e no privado. Eu fui para Birmingham em 1964. Catherine e eu estávamos recém-casados, e ela ainda era estudante. Ela pediu transferência de Sussex para Birmingham. Eu era um jovem professor envolvido no Centro de Estudos Culturais Contemporâneos, e ela era uma estudante de história. Então nos mudamos em 1968, e ela engravidou. Ela estava grávida durante a grande ocupação da universidade em 1968. Uma das coisas de que me lembro é ver Catherine sentada em um grande salão uns dois meses depois de ter dado Becky à luz. Logo depois, o feminismo começou em Birmingham porque todas aquelas mulheres, muitas delas esposas universitárias que levavam uma vida muito ativa estudando e se organizando, tiveram seus primeiros filhos naqueles dois anos e de repente todas elas tiveram que passar a ficar em casa. Elas se viram presas em casa com um bebê. Foi quando tudo começou, quando elas começaram a se reunir para compartilhar sua incompreensão diante daquela mudança tão repentina. Em um momento, ela estava se formando no doutorado, e então, de repente, o único status que ela tinha era o de minha esposa. Eu saía para trabalhar. O Centro de Estudos germinava, e eu voltava com histórias da vida no *front*. Foi quando a explosão começou. Então foi uma coisa muito, muito pessoal, ligada à nossa primeira filha, e causou uma mudança profunda em nossa relação. Por falar em merda, foi o inferno na terra, e, em parte, a diferença de idade piorou tudo. Não era só porque eu era homem, mas eu era um homem catorze anos mais velho que ela, já maduro politicamente, com uma vida política, com amigos que ela não conhecia. Nós só podemos imaginar como foi para ela lutar contra isso. E foi uma luta.

Eu ajudava nas tarefas domésticas que não me incomodavam. Eu participava dos assuntos familiares, cuidava da casa e das crianças, mas a ideia de que eu tinha que me calar, de que eu tinha que parar de falar, de que todos nós tínhamos que parar de falar por uns vintes anos para deixar as mulheres falarem era muito, muito difícil. Tudo isso mudou minha percepção política, e posso até ser preso por dizer isso, mas mudou minha concepção política muito mais do que a concepção política de algumas mulheres. Muitas das mulheres daquela geração se tornaram feministas marxistas e mantiveram muito mais contato com o marxismo do que eu. Eu era mais afetado pela crítica feminista ao marxismo do que elas. Então, eu me vi dizendo: "Vocês não podem dizer isso. Vocês nos disseram como o feminismo tornou impossível o que vocês estão dizendo. Eu não entendo".

**bell:** É um bom ponto. Isso nos leva para uma crítica do feminismo e do essencialismo. Só porque alguém é mulher e pode reivindicar o feminismo não significa que ela é necessariamente mais transformada pelo feminismo como um movimento político e um corpo de ideias do que um homem que se engaja com esse corpo de ideias.

**Stuart:** De qualquer forma, isso indica que a coisa toda foi muito profunda, para elas, é claro, mas também muito profunda para mim em termos de me livrar do que eu pensava que sabia e do que eu pensava que acreditava. Consequentemente, aquelas mulheres estão entre as minhas amizades mais próximas hoje. Tudo isso abriu uma conversa com muitas feministas da geração dos anos 60 e 70.

**bell:** Havia muitas mulheres negras envolvidas nisso, Stuart? Uma crítica que costumo ouvir de mulheres negras britânicas quando falo dos vários diálogos críticos e intelectuais que estou tendo com você e com, digamos, Paul Gilroy, é: "Eles falam com você porque você mora nos Estados Unidos. Mas eles não falam com a gente. Eles não nos reconhecem".

**Stuart:** Isso pode ser verdade. Quem sou eu para dizer? Historicamente, não havia muitas mulheres negras envolvidas na época, eram muito poucas. Pela minha experiência, o que aconteceu nessa formação em particular, sobretudo, foi que o feminismo começou a ser disputado quando as mulheres negras começaram a participar. E também, o que de muitas formas tem me impressionado muito é que são poucas as feministas brancas que, como uma consequência da entrada das mulheres negras no movimento, pararam para se repensar.

**bell:** Com certeza.

**Stuart:** Tudo isso é muito profundo. Essa foi a sequência de eventos, então não me surpreende que, nos anos 60, não houvesse muitas mulheres negras por perto em Birmingham. Então, eu não conversava com mulheres negras. E aí, as mulheres negras só foram integrar o feminismo uma geração depois.

**bell:** O diálogo que tivemos na Finding Fanon Conference [Conferência Descobrindo Fanon] na Universidade de Nova York foi emblemático em relação a esses diferentes posicionamentos, no sentido de que eu quis privilegiar, na minha própria discussão, um certo tipo de diálogo entre homens negros e mulheres negras. Não a discussão tradicional sobre relacionamentos, mas sobre gênero e feminismo. De uma forma diferente daquela que as mulheres brancas envolvidas no feminismo poderiam apresentar esse diálogo em particular.

**Stuart:** Mas também, bell, de uma forma diferente daquela que algumas mulheres negras apresentariam esse diálogo em particular.

**bell:** Com certeza. Mas, de certa forma, muitas pensadoras negras na Grã-Bretanha se isolaram das esferas do debate público. Eu sabia muito bem que, nesse espaço, havia pensadoras negras poderosas, mas elas não estavam falando. Eu acredito, até certo ponto, que esse isolamento tem a ver com quem ouve. Tem a ver com questões de parentesco e história. Pensando na minha intimidação em falar com você, tenho consciência de que existem pensadoras feministas brancas que poderiam falar com você com um sentimento muito maior de conforto, mas eu acho, e você pode me criticar aqui, que isso se dá em parte porque eu me vejo em uma relação de parentesco mais próxima com você. Por exemplo, quando estudamos seu trabalho na minha aula, nós estávamos lendo "The Formation of a Diasporic Intellectual" [A formação de um intelectual diaspórico], a entrevista que você fez com Chen\* em 1996, e quando chegamos na parte sobre sua irmã, em uma aula sobre afro-caribenhos, a maioria ali, todas mulheres negras e uma mulher branca, todas as mulheres negras daquela classe, incluindo eu mesma, todas nós sentimos que éramos sua irmã, e que o destino dela era o nosso destino, de uma forma que a única aluna branca da classe não sentiu.

**Stuart:** Eu entendo isso muito bem. É difícil transferir isso para uma cena mais ampla. E isso porque a raça é muito intrínseca a essa experiência.

---

\* Chen Kuan-Hsing (1957) é um escritor, professor e pensador taiwanês especializado em estudos culturais. [N. do E.]

**bell:** Mas em termos de falar, de sentir que você pode responder a alguma coisa, essa sensação de interrogação às vezes vem acompanhada da sensação de que você é um parente mais próximo. A coisa se torna um laço familiar simbólico, no sentido de que, historicamente, tem sido mais difícil para as mulheres negras fazerem uma crítica feminista sem pensar sobre as implicações em termos de identidade racial e solidariedade racial. Nós temos trabalhado para superar essa intimidação. De muitas formas, eu nunca senti essa intimidação, e, mais uma vez, eu acho que é uma questão geracional. Em parte, o que me separa de algumas feministas negras marxistas é o fato de eu ter sido uma jovem estudante nos anos 70. Eu adentrei o pensamento marxista a partir do feminismo, e essa é uma localização de poder e de voz totalmente diferente.

**Stuart:** Essas questões geracionais são muito negligenciadas.

**bell:** Muitas dessas pensadoras negras se ressentem de pessoas como eu, uma pessoa que pode fazer aquele comentário sobre Oprah Winfrey sem pensar nisso como uma negação enfática dela. Na verdade, foi essa geração anterior de feministas que sentiu que meu comentário foi uma rejeição violenta e um pouco caso da irmandade. Eu encarei meu comentário como uma crítica contundente.

**Stuart:** Essas diferenças geracionais existem, e a história do Centro também é importante nesse contexto. Com as transformações trazidas pela experiência feminista, uma vez encontrada uma voz, uma voz diferente, dentro das conversas que ocorriam no interior do movimento feminista em Birmingham na época, a questão era: "Que impacto isso vai ter nos estudos culturais?" O que eu me lembro, embora minha memória possa ser contestada em termos de acontecimentos e detalhes, é que eu e mais um colega do Centro que vivíamos com feministas e que estávamos envolvidos nesse turbilhão propusemos que o feminismo fosse introduzido no Centro. Você pode imaginar quão ridícula era a noção de que iríamos lançar o feminismo de paraquedas lá. A coisa não pegou de imediato. Nossa ideia era trazer duas escritoras de fora para socializar as ideias feministas. As pessoas não se mostraram muito interessadas. Elas não eram particularmente feministas. Não estavam particularmente envolvidas. E, quando o feminismo chegou como uma força autônoma, nós nos tornamos, inevitavelmente, objetos de um outro tipo de silenciamento público que, é claro, nos ressentiu profundamente. A ideia de que nós tentaríamos detê-las era uma noção totalmente equivocada. Agora eu estou tentando defender essa noção. Estou tentando recriar o escopo psicológico. Nós tentamos inserir o feminismo lá, e as mulheres não se interessaram. Então, ser responsabilizado por não ter respondido quando o feminismo surgiu era algo inevitável. O mundo estava cheio de movimentos duplos como esse. Havia desentendimentos em toda a parte. Foi isso o que eu quis dizer quando falei que o feminismo estava cagando na mesa do café.

**bell:** Você acha que agora podemos entender um pouco mais que isso era parte de um processo político, da mesma forma que a tentativa das mulheres negras de levar a discussão sobre raça para o feminismo foi percebida como uma outra forma de cagar na mesa? Havia uma fúria na forma como as mulheres brancas tentaram me silenciar há dez, vinte anos, e agora sinto um deleite incrível quando vejo muitas dessas mulheres usando a raça como parte de um remodelamento de suas imaginações e ações políticas. Mas, na época, ninguém queria saber disso. O discurso racial é tão permeado nos estudos feministas e culturais que as pessoas já se esqueceram de que houve uma enorme hostilidade em sua introdução.

**Stuart:** Tenho certeza de que você sabe, pelo trabalho que Paul escreveu, que aconteceu a mesma coisa no Centro em relação à raça, exatamente a mesma coisa. Todo mundo é um bom liberal, sensível às questões raciais, até um grupo querer começar a estudar isso e aí as portas do inferno se abrem. Agora que a discussão está em todo lugar, inclusive nos estudos culturais, todo mundo se esqueceu dessas resistências. Tem muita coisa a se falar sobre isso. Por um lado, quando você está envolvido nessa luta, você vive momento a momento em cada uma de suas contradições e não consegue vencer isso para enxergar que tudo faz parte de uma luta mais longa. Outro aspecto, que é o que mais me interessou em relação ao Centro, é a natureza da resistência inconsciente. Na época, eu não tinha nenhuma resistência consciente. Eu era totalmente a favor de tudo, mas tinha resistências inconscientes. Eu não deixaria certos textos serem incluídos no regimento principal do mestrado. Eu até tinha razões sofisticadas para justificar porque as pessoas, os homens, que já estavam lá eram aqueles que todos nós deveríamos estudar. Parecia perfeitamente lógico para mim. E não tinha nada a ver com os meus sentimentos em relação ao feminismo. O nível desses sentimentos arcaicos me assusta agora, mas, na época, eram sentimentos muito reais. Precisamos levar em conta que estávamos em um Centro que tentava ser mais democrático, onde, na contracorrente, nós tínhamos discussões abertas, reuniões e fazíamos votações para decidir o que os professores fariam. Era um lugar muito democrático. Apesar disso, eram feitas tentativas dentro dessa democratização, por um certo tipo de homem, por um certo tipo de formação masculina, de reservar o poder, e isso nos diz algo sobre o nível em que a autoridade opera dia a dia, uma autoridade da qual a maioria das pessoas não fala. As pessoas não falam desse nível de autoridade. E a autoridade opera, de fato, nesse nível, se mostra em todos os momentos, em todos os lugares.

**bell:** E o que faz você encarar essa resistência inconsciente? Eu acredito que seja essa a tensão que tantas mulheres ativas no movimento feminista sentem, em particular as feministas separatistas, pois a maioria dos homens nunca chega a interrogar essa resistência inconsciente.

**Stuart:** Eu fiquei surpreso por encontrar essa resistência em mim mesmo e odeio ser posto nessa posição. Foi por isso que eu saí do Centro. Eu me recusei a estar em uma posição patriarcal. Só havia três professores no Centro, o resto das pessoas que faziam parte do Centro eram alunos da pós-graduação. Não havia para onde correr a não ser na direção de um chefe, de uma liderança patriarcal. Não havia espaço lá. Eu percebi que não se podia estar nessa posição e intermediar. Era impossível. As pessoas não queriam que eu fizesse isso, e com razão. Elas queriam fazer isso por elas mesmas, mas não me entrava na cabeça que elas tinham que fazer isso por elas mesmas contra mim quando eu não queria estar naquele espaço. Então perdi o investimento inconsciente que tinha naquele espaço e precisei sair. E eu saí porque não era mais possível para mim estar naquela posição. Eu caminhei na direção de outra versão de mim mesmo, mas não estava pronto para me tornar uma outra versão de mim mesmo e manter a posição estrutural que eu tinha no Centro.

**bell:** Essa sensação de deslocamento é justamente o que muitos homens continuam a temer no feminismo. É aquela parte do processo de descolonização da mente em relação ao sexismo que depende de mudanças de perspectiva.

**Stuart:** Sim, claro. Eu sabia disso desde o início. Eu resisti pessoalmente e então cheguei em um acordo com isso. E então achei que tinha avançado com isso publicamente, mas na verdade eu resistia publicamente. Eu tive que entrar em um acordo. Essa resistência está lá o tempo todo.

**bell:** Para concluir, eu quero voltar para aquele momento quando todas nós nos vimos como sua irmã. Sua irmã ficou em casa e você pôde ir embora. Tenho questionado simbolicamente por que isso nos tocou de forma tão profunda. Existe uma noção de que o homem negro pode se mover na diáspora, enquanto a mulher negra fica presa, é capturada.

**Stuart:** Essa é a grande culpa da minha vida. Eu estava determinado a ir embora. Eu sabia que queria isso. Eu disse que queria ir, mas não sabia que era para sempre. Na verdade, inconscientemente, eu nunca iria voltar, porque eu estaria voltando para o espaço dela, que é um espaço que foi preparado para todos nós. Todos nós deveríamos estar onde ela estava. Ela estava internada. Todos nós estávamos destinados a estar lá. Mas eu fui embora e ela não pôde ir.

**bell:** Para mim, também me interessa pensar sobre isso em termos do que dissemos na conferência sobre o fato de Frantz Fanon não ter voltado para casa. Eu vejo isso como um projeto político no sentido simbólico de casa, tanto ter essa conversa com você, essa série de conversas, quanto as conversas que eu tive com Cornel, para criar a noção de uma solidariedade feminista entre homens negros e mulheres negras que exista no nível do discurso das relações, das relações pessoais, em uma tentativa de falar sobre a importância de um diálogo intelectual que nos permita, eu e você, sair de casa.

**Stuart:** Eu entendo que esse seria o momento, porque entendo que seria uma experiência muito representativa para todos nós, quer dizer, todos nós já não estamos em casa. Está escrito nas estrelas que, em algum momento, nós também devemos deixar o lugar que chamamos de lar. Algumas pessoas vão embora e outras não, e aí está a impossibilidade ou a dificuldade de construir qualquer tipo de ponte de volta que não seja apenas uma relação de retorno, nostalgia ou romantização. Eu sinto um cordão umbilical ligado à minha casa, mas seria impossível voltar para casa. Eu sinto essas duas coisas mais profundamente do que nunca. De uma forma, eu nunca fui embora. E de outra, eu fui embora porque nunca senti que pertencia. Eu quis ir embora. O que vi acontecendo com a minha irmã aos dezessete anos foi parte de toda a situação da nossa família, e não só a nossa própria família, porque a nossa família representava toda uma classe inserida em uma cultura colonial, e eu sabia que tudo o que adoeceu a minha irmã foi criado para adoecer todos nós. Eu já estava doente, mas eu sabia que, se ficasse em casa, eu morreria, não só emocionalmente, mas espiritualmente. Eu sabia que iria perecer totalmente.

**bell:** Eu estava dizendo que foi o feminismo que me permitiu sair de casa, e parte do motivo pelo qual meu foco intelectual continuou a inserir o feminismo no discurso racial, e nas políticas concretas da vida negra na diáspora, é porque sinto que, sem o feminismo, as mulheres negras nunca vão conseguir sair de casa.

**Stuart:** É claro, não foi o feminismo que me ajudou a sair de casa. Era muito cedo para isso. Foi a raça. E a raça de uma forma muito complicada. Foi a raça no cenário colonial, a raça dentro da minha família, não a raça negra/branca, mas a forma como a minha família havia internalizado a raça e a usava como uma forma de categorizar o mundo. Foi a minha consciência racial nesse sentido, e eu nunca perdi essa noção de raça tanto como uma estrutura pública quanto uma experiência psíquica e pessoal. Eu simplesmente não entendo a separação que se faz às vezes entre essas duas coisas. Minha irmã foi psicologicamente e profundamente prejudicada pela natureza racista da cultura colonial.

**bell:** E essa cultura também convergiu com a política de gênero.

**Stuart:** Sim, mas eu não entendia isso na época. Eu fui embora por causa da raça, mas só depois foi que o feminismo me fez entender por que ela não pôde ir embora e eu pude. Essa foi uma dimensão que só fui entender muito depois.

**bell:** E isso foi algum tipo de consolo?

**Stuart:** Não, não foi um consolo de forma alguma. Esse entendimento só piorou as coisas. Mas me fez entender.

**bell:** Quero dizer, uma vez que esse entendimento tirou qualquer implicação pessoal, deveria ter tirado a noção de que havia qualquer coisa que você, pessoalmente, pudesse ter feito.

**Stuart:** Sim, é verdade.

**bell:** Por que você acha, sabendo o que sabemos, que tem sido tão difícil continuar a levar esse elemento feminista para os discursos de raça, particularmente aqueles que partem do ponto de vista do nacionalismo negro?

**Stuart:** Eu não sei. Eu não sei por que isso acontece, já que, quando refletimos profundamente sobre o que a raça significa em termos de formar a vida das pessoas, a coisa ultrapassa imediatamente as linhas de gênero. Eu nunca entendi como é possível ver uma coisa sem ver a outra, mas é evidente que isso é possível. E não só isso, mas existe um certo tipo de discurso político que não é capaz de lidar com essa duplicidade de categorias, uma forma dupla de pensar que esse entendimento pede.

**bell:** O que nos leva de volta ao fato de que esse entendimento não pode acontecer sem uma ruptura. Então, a coisa se torna uma desconstrução e um rompimento com o que veio antes e que, então, nós temos que reconstruir. Eu acho que tem havido muitos pensadores políticos e intelectuais públicos negros que não querem fazer esse trabalho. É por isso que ainda me impressiono muito com as mulheres no movimento feminista e com as mulheres brancas dispostas, de verdade, a se permitir ser transformadas por essa ruptura. Eu ainda vejo o feminismo como um movimento político exemplar nesse terreno em particular. E sinto que muitas pessoas não querem enxergar isso no feminismo. Nós não apenas falamos que o movimento feminista é racista e pronto; na verdade, houve rupturas concretas que nos levaram a repensar a direção do movimento. Mas isso criou um enorme sentimento de perda para muitas pessoas nostálgicas daquela primeira versão do feminismo e que permanecem nostálgicas.

**Stuart:** Sim, e as resistências também vêm de uma certa nostalgia por uma forma de vida mais antiga. Nesse sentido, a natureza patriarcal de grande parte da cultura negra é um tipo de compensação por tudo o que é vivenciado na opressão e na subordinação racial.

**bell:** É sobre isso o que eu gostaria de falar agora, sobre a noção de casa e de retorno, porque, para superarmos isso, nós temos que reinventar nossa noção de lar. Enquanto a casa for esse retorno nostálgico ao lar patriarcal, essa casa nunca vai permitir que o feminismo entre, seja pela janela ou pela porta.

**Stuart:** Essa noção não permite que a ruptura alcance aqueles níveis de perturbação que fazem as pessoas se transformarem e também assumirem uma política transformadora.

**bell:** Eu estava pensando em Paul Gilroy falando na forma como os estadunidenses negros parecem estar particularmente presos à ideia da família como o único lugar de renovação, o que nos remete mais uma vez ao paradigma patriarcal. Nós vimos isso no caso de Farrakhan\* e a "Marcha de Um Milhão de Homens".

**Stuart:** Concordo com ele. Historicamente, é perfeitamente inteligível por que isso acontece.

---

\* Louis Farrakhan (Nova York, 1933), líder da Nação do Islã desde 1978, foi o responsável pela organização da "Marcha de Um Milhão de Homens". [N. do T.]

**bell:** E por quê?

**Stuart:** A constituição da família na época da escravidão foi um ato de resistência. A família é muito ligada à liberdade, à autonomia e à reivindicação de controle sobre a própria vida. E isso obviamente tem uma ressonância muito poderosa e positiva. Então, nós temos a ausência de outras estruturas. Por exemplo, nunca houve qualquer tipo de representação política nacional adequada das pessoas negras. Elas são excluídas de tantas estruturas civis da sociedade que a família acaba se tornando inevitavelmente um tipo de último refúgio, o primeiro refúgio e o último refúgio. Isso não é nenhuma novidade, mas, ainda assim, é um problema, e um problema para todos nós. O caso jamaicano é um pouco diferente. A família é fortemente valorizada. E não é algo tão ideologicamente forçado. A coisa é mais emocional ali. Na verdade, a família é a unidade funcional que todos defendem e à qual todos estão ligados, e os homens em particular vão embora, se mudam de uma família para outra, da família de sua mãe para a família da esposa. Eles não deixam emocionalmente a família da mãe até se mudarem para a família da esposa ou para a família que eles mesmos constituíram. Essa mudança de família para família é muito importante, especialmente entre as pessoas de classe média. Entre as comunidades mais populares, onde a posição das mulheres tem sido absolutamente central, como você sabe, as estruturas são bem matrifocais, mas matrifocais dentro de uma sociedade patriarcal dominante. Na Jamaica, essa separação ocorre no interior da própria família negra, onde as mulheres são a única força unificadora e consistente dentro delas, mas ainda assim, sexualmente e muitas vezes financeiramente, em relação à propriedade, em relação à autoridade sobre as crianças, elas têm pouco poder. Essa tensão dupla faz da família um lugar para o qual retornar, para resolver problemas e reconstruir algo, se não nesta, na próxima geração. Esse é um problema real e profundo nas sociedades diaspóricas pós-escravidão.

**bell:** Você acabou de tocar em um mal-entendido crucial. Com certeza, como uma pensadora feminista nos últimos vinte anos, o maior problema que encontro falando com comunidades negras diversas é que as pessoas querem dizer: "Nós somos totalmente dominados pelas mulheres". Fazer as pessoas entenderem a diferença entre aquela base matrifocal, mas ainda assim patriarcal, é sempre a grande questão. Esse ainda é o principal dilema em torno do gênero e da raça nos Estados Unidos.

**Stuart:** Concordo. Você acha possível entender a masculinidade sem essa dupla instituição?

**bell:** Na verdade, também gostaria de me concentrar aí nessa conversa inicial: na masculinidade, porque é onde houve menos reelaboração.

**Stuart:** Na prática, isso é verdade. E mais uma vez podemos ver exatamente o motivo. Sendo a emasculação algo tão central para toda a cultura escravista e pós-escravista, a reivindicação da masculinidade toma uma certa forma. O que me surpreende é que as pessoas que passaram por isso, ainda que tenham sido formadas psicologicamente e fisicamente por essa experiência, não conseguem se posicionar fora dela para entender a forma como elas reencenam o drama dentro e fora do espaço familiar. Essa tem sido uma tendência e uma tentação constantes.

**bell:** É por isso que o trabalho de teóricos negros gays têm sido tão importante, porque, globalmente, eles parecem ser um grupo de pessoas, em termos de masculinidade negra e de masculinidade no geral, dispostas a se posicionar de fora. E em grande parte porque, em certo nível, o próprio fato da homossexualidade significa que eles estiveram de fora desde sempre.

**Stuart:** Sim, eles não podem reencenar a batalha, pois já estão fora, então eles podem se aproximar dela a partir de um ângulo diferente. E também de forma muito significativa, e mais uma vez, historicamente, nós podemos entender o motivo, porque tudo isso é muito ligado ao corpo. É fato que uma boa parte dos trabalhos feitos por teóricos gays negros toma a forma de trabalhos visuais, filmes ou pintura, o uso da imagem, a atenção ao corpo negro. A reconfiguração do corpo negro é tão importante que, na verdade, é a única forma de superar algumas das construções estabelecidas, alcançando as complexidades dos sentimentos, onde essa dupla inscrição realmente opera.

**bell:** E mais uma vez, nós vimos na conferência sobre Fanon, durante a discussão sobre a representação da sodomia no filme de Raoul Peck\*, *O homem nas docas*, uma completa indisposição da parte do "pensamento hétero", para usar uma frase de Monique Wittig\*\*, de compreender o que estava sendo apresentado. Nós vimos o pensamento hétero em ação quando o público não conseguiu conceitualizar a importância vital daquele trecho em particular do filme.

---

\* Raoul Peck (Porto Príncipe, Haiti, 1953), cineasta. O filme *L'Homme sur les quais* [O homem das docas] foi lançado em 1993. [N. do T.]

\*\* Monique Wittig (Dannemarie, França, 1935 - Arizona, 2003), escritora e teórica feminista. [N. do T.]

**Stuart:** Eu achei um trecho fascinante. Eu gosto muito de Raoul Peck como pessoa. Respeito o trabalho dele. Achei esse filme muito poderoso. E achei aquela cena muito poderosa, mas, quando Peck fala sobre ela, é como se ele não pudesse ver o que ele mesmo pôs em movimento. Concordo com você.

**bell:** Isso me faz pensar: se subjacente à incapacidade da masculinidade negra de romper com o patriarcado está um medo avassalador da homossexualidade, então como nós podemos intervir? Uma das maiores intervenções tem sido contrariar a suposição predominante de que, quando, de qualquer forma, nós afirmamos práticas sexuais diversas, nós estamos negando a família negra. A maioria das pessoas não quer reconhecer que grande parte dos gays negros e das lésbicas negras, particularmente acima dos trinta, vêm de casamentos tradicionais e têm filhos. Há um mito que diz que a homossexualidade negra é contra a família, porque a homossexualidade negra não se constituiu como a homossexualidade branca, que se constituiu de acordo com a norma.

**Stuart:** Ou como a homossexualidade branca está tentando se constituir. Isso é verdade, mas, de certa forma, isso deveria nos levar de volta não para a questão da masculinidade e do desafio da masculinidade negra gay, para as normas masculinas, mas de volta à família. Trata-se de uma imagem muito particular da família que se configura como inevitavelmente, e em todas as instâncias, oposta ao fato da diversidade sexual. E isso se dá porque nós pensamos que a família requer um certo tipo de monogamia sexual, e um certo tipo de prescrição das identidades sexuais. Todas essas outras coisas estão imbuídas na imagem da família, mas, então, nós temos uma polarização. Ou você está nesse campo, ou naquele campo. Ao passo que o contexto mais amplo está tentando repensar, reviver, reconfigurar todas essas relações presentes em todo o espectro. A persistência do ciúme sexual dentro da família monogâmica e heterossexual é, em si, um problema. É um problema para a família. É um problema não só para aqueles que rompem com isso, mas é um problema para a própria família, porque geralmente se mantêm e se exigem todos os tipos de falsidades para preservar a família intacta. Há muitas outras raízes para famílias que vivem juntas e que podem aceitar uma diversidade muito mais ampla de práticas ao longo da vida das pessoas, em diferentes estágios da vida. Isso inclui a noção de que o casamento é continuamente renegociado, inclusive sua dimensão sexual. E não apenas nas formas alternativas de casamento. Mas também na forma dominante. É a nossa imagem da forma dominante que é tão inflexível e que tem sido, por certas razões e com certas diferenças, reencenada dentro da cultura negra em uma posição subordinada que sustenta toda a estrutura. Em certo sentido, uma matriz heterossexual opera e inscreve as pessoas dentro e fora dela. E essa é uma área profunda em que as questões de gênero e sexualidade e as questões de raça se encontram.

**bell:** Essa tem sido uma das minhas maiores áreas de desentendimento com Paul Gilroy, porque não sinto que a ideia de família, por si só, seja apenas um lugar conservador e reativo. Eu acredito que a questão é a nossa incapacidade de expandir o conceito de família. A família se conserva como um lugar de autodeterminação. Por exemplo, Harriet Tubman* abriu uma escola na casa dela, em sua sala de estar,

---

\* Harriet Tubman (Maryland, c. 1822 – Nova York, 1913), liderança abolicionista e ativista. [N. do T.]

e grande parte do ativismo pelos direitos civis começa na sala de estar ou na cozinha, e isso se dá, em parte, porque, no fim das contas, as pessoas têm algum controle sobre esses espaços. Quando lido com o espaço doméstico e com a família, eu me pergunto por que uma visão tão conservadora da família prevaleceu. Eu acabei de escrever um ensaio sobre os meus avós, que foram casados por setenta e tantos anos, e como, quando eu era criança, eu não conhecia nenhum daqueles casais negros mais velhos que dividiam quartos. Eu não fazia ideia de que você cresceria, se casaria com alguém e dormiria na mesma cama com essa pessoa por setenta e tantos anos. Eles tinham quartos separados com suas personalidades separadas. Isso é o que costumo chamar de "visão de mundo oposicionista" que ninguém quer ver realmente. As pessoas não querem ver o quanto a integração racial e o desejo de assimilação a uma norma burguesa de fato alteraram famílias anteriormente concebidas em suas diversidades. Muitos de nós que crescemos no *apartheid* do Sul, e eu na minha pequena comunidade sulista, conhecemos homens gays proeminentes que adotavam crianças, que viviam com homens, mas que diariamente visitavam suas famílias verdadeiras e seus pais verdadeiros. Era uma questão de poder de classe e cuidado. Eu já falei com outras pessoas negras de pequenas comunidades sulistas que encontraram as mesmas estruturas comunitárias e familiares intermediárias e inter-relacionadas. Quando não prestamos atenção a isso, quando não valorizamos, quando simplesmente seguimos a direção da norma heterossexista, nós negamos a beleza da nossa própria diversidade em nosso passado histórico, que, para mim, é importante para tentarmos nomear e recuperar, em um esforço de dizer: "A família não é o problema. O problema é o paradigma heterossexista".

**Stuart:** Que interessante. É diferente do contexto jamaicano, mas parecido de algumas formas. Há uma grande divisão de classe, e, é claro, entre as pessoas comuns e trabalhadoras, principalmente aquelas que não moram em Kingston, que não moram na cidade grande, há uma grande proximidade entre as famílias e as comunidades. As pessoas têm uma diversidade muito mais ampla de parentescos; algumas são famílias reais, outras são associações simbólicas entre famílias. Existe de fato uma diversidade de relações que se afasta bastante da família nuclear normativa. A norma começa a entrar, é claro, na classe média instruída, para quem a própria noção de mobilidade social é uma mobilidade em direção a esse domínio familiar fechado e reconstituído.

**bell:** Em minha crítica à "Marcha de Um Milhão de Homens", a maior dificuldade que encontrei viajando pelos estados foi a disposição por parte das pessoas de reconhecerem que a marcha tinha intuitos relacionados à classe e aos valores de classe. Que a marcha não era uma reivindicação da família. A marcha era uma reivindicação de uma visão particular da vida familiar. Eu fiquei impressionada com a recusa absoluta das pessoas de verem uma questão de classe nisso. O que vejo acontecendo nos Estados Unidos, e eu sei que você vê isso acontecendo aqui também, é que muitas famílias sem dinheiro não têm a noção de que seus filhos, quando adultos, vão morar longe dos pais. E de fato, o que a maioria dos estudos mostra, em especial entre todos os grupos de pessoas que não têm muito dinheiro, independentemente da raça, é que a noção de que a mamãe e o papai vão chegar aos sessenta e ter a casa só para eles é completamente falsa, não existe mais. Atualmente, em intervalos variados, os filhos voltam para casa, de forma que a noção de uma família nuclear privatizada é totalmente perturbada pela realidade desse tipo de movimento. Por exemplo, pessoas como os meus irmãos, que são viciados em drogas e que, quando caem no vício, abandonam os filhos. Então, as crianças têm que ser cuidadas pelos avós, por tias ou tios. Então, eles voltam a ficar sóbrios e em algum ponto outras mudanças acontecem.

A flexibilidade da família e sua capacidade de se sustentar sem uma fundação patriarcal é, para mim, o grande segredo. Ninguém quer ver a resiliência da comunidade e da família fora do contexto do patriarcado. É quase um despeito que Farrakhan e outras pessoas ajam como se a família...

**Stuart:** ... Como se fosse essa norma ou nada.

**bell:** Sim, como se isso pudesse nos sustentar em um momento de crise. Eu estava pensando em você e em Paul Gilroy e me perguntando se parte do nosso dilema em torno da crítica do patriarcado e da masculinidade negra é que tantos pensadores negros brilhantes sejam percebidos como alheios a algo que possamos chamar de família negra. Se, por exemplo, eles estão em um casamento inter-racial. Suas visões de família, de certa forma, não são ouvidas. Eu venho tentando pensar: "Como, então, podemos fazer uma mudança?" Eu estava pensando em Fanon, em como as pessoas ouvem Fanon até certo ponto, mas então, quando elas sentem que vamos começar a falar sobre masculinidade e sobre a família...

**Stuart:** ... nesse ponto, ele para de ter alguma coisa para dizer, ou as pessoas param de ouvir. Eu ousaria supor que, no meu caso, a questão não foi o fato de um casamento inter-racial porque, sozinho, eu poderia ter tentado reencenar essa norma dentro da minha própria família. Por exemplo, se eu pensar na sociedade de classe média jamaicana, que não é inter-racial em termos de negro e branco, mas em termos de um sistema racial de cor interno. Inter-racialmente, as uniões costumam consistir em um homem muito mais escuro e uma mulher muito mais clara de classe média, então não é algo isento da insígnia racial. Eles reproduzem essa norma perfeitamente. Não tem a ver só com raça, mas com outras coisas também. No meu caso, foi o feminismo que perturbou os termos sob os quais nos casamos. Nós seguimos os modos tradicionais para nos casarmos, completamente diferentes das formas como tivemos que seguir em frente. Depois do casamento, o modelo antigo se mostrou completamente impossível, ou não levaríamos a crítica ao patriarcado para dentro da nossa vida emocional ou teríamos que encontrar uma forma totalmente diferente de viver juntos. Eu não estou dizendo que é fácil ou que eu fiz isso. Eu só estou dizendo que o que perturba a ordem não é só a questão racial. Isso me é posto às vezes. Só mais recentemente eu fui convidado a participar de um programa que queriam fazer sobre casamentos inter-raciais. Isso está voltando a ser uma questão, uma questão de casamentos inter-raciais na Grã-Bretanha. O assunto ressurge de vez em quando. Eu recusei o convite porque não acho que as pessoas vão me fazer a pergunta certa. As pessoas vão presumir que, porque me casei com uma mulher branca, isso por si só deve representar minha entrada em algum espaço completamente desconhecido, ininteligível em termos de estruturas. Eu não acredito mais nisso.

**bell:** Nos Estados Unidos, muitos pensadores e intelectuais negros progressistas da esquerda não têm apresentado uma tendência de se relacionar com parceiras envolvidas no movimento feminista. Por um lado, temos aqueles homens que se posicionam contra o sexismo, mas que não diferem em nada de Jesse Jackson\* ou de outros homens cujas esposas nós nunca vemos, nunca ouvimos, não sabemos nada da vida delas. Eu estava tentando pensar no que é diferente no contexto britânico, e então, quando consideramos nossos pensadores negros, sejam suas companheiras brancas, negras, marrons ou o que seja, o que nós temos é muito mais um tipo de vínculo entre pares em torno de perspectivas políticas, ativismo e atividades intelectuais compartilhadas, em oposição a uma norma mais tradicional. Eu tenho me perguntado até que ponto isso afeta profundamente nossa capacidade de estabelecer um novo pensamento em torno da libertação negra no pensamento feminista nos Estados Unidos. Eu realmente sinto que o apoio de Cornel West à "Marcha de Um Milhão de Homens" foi um tremendo retrocesso político porque ele tem sido um grande símbolo da masculinidade negra progressista. Foi como se ele estivesse se manifestando a favor do modelo familiar patriarcal e heterossexista. Isso me angustiou muito.

**Stuart:** Sim. Você sabe, eu não tinha pensado sobre essas diferenças entre os Estados Unidos e a Inglaterra, mas acho que você deve ter razão. Em algum ponto, nós precisamos falar sobre as diferenças entre as duas sociedades, na forma como a raça figura nas duas sociedades. E eu acho que há muitas diferenças e por motivos complexos. Devo dizer que, no meu caso, infelizmente não fiz uma escolha positiva, porque a coisa nos atingiu, por assim dizer, depois que eu tomei a decisão. O contrato estava feito.

---

\* Jesse Jackson (Carolina do Sul, 1941) pastor e ativista político. Sua esposa, Jacqueline Jackson (Flórida, 1944), é escritora e ativista. [N. do T.]

**bell:** Pelo que eu sei, Stuart, você sempre foi atraído por mulheres poderosas e criativas.

**Stuart:** Isso é verdade. Sempre houve perspectivas políticas e intelectuais compartilhadas. Eu estava dizendo que o feminismo, especificamente, foi algo que, por assim dizer, atravessou a nossa relação. E você tem razão. Eu acho que é assim mesmo na Inglaterra. Eu não tinha pensado nisso.

**bell:** Eu me pergunto até que ponto as pensadoras negras que se envolveram com o feminismo desde o início, e pensadoras proeminentes e poderosas dentro do movimento, não conseguiram intervir nisso por serem, em sua maioria, mulheres lésbicas. Eu olhei em volta um dia e vi que eu era uma das poucas pensadoras negras proeminentes que ainda mantinha relações com homens. Embora, e sem recorrer a qualquer tipo de essencialismo, eu achasse que nós tínhamos de viver na prática uma heterossexualidade negra feminista para convencer as pessoas de que é necessário intervir. Foi isso o que eu estava tentando pôr em pauta na conferência sobre o Fanon e que talvez não tenha conseguido fazer muito bem, mas eu estava tentando dizer que nós precisamos reconhecer a necessidade de um diálogo feminista entre homens negros e mulheres negras que não tenha a ver sobre relações eróticas, mas sobre um encontro mútuo entre dois sujeitos.

**Stuart:** Isso é essencial, com certeza. De certa forma, essa tem sido uma dimensão ausente nas conversas mais efetivas que têm ocorrido nesse espaço, um espaço que tem sido ocupado de uma forma fraca. E você não acha que isso se dá, como você disse antes, por que as questões de masculinidade são mais facilmente postas por homens negros gays?

Eles se posicionam estruturalmente fora e, portanto, veem a vida de uma forma diferente. De certo modo, eu acho que isso também se aplica às relações entre homens e mulheres heterossexuais. Quer dizer, a própria natureza da matriz heterossexual controla essa conversa de tal forma, dentro de modelos tão poderosos, que é muito difícil se manter dentro, firmemente dentro dela, em uma posição erótica e, ao mesmo tempo, questionar ou interrogar seus mecanismos. Por exemplo, como uma relação se desenrola ao longo de determinado período? Ou como essa relação se sustenta no decorrer do tempo?

**bell:** É interessante que eu tenha conhecido Paul Gilroy no momento em que os alunos dele estavam usando o meu trabalho para levar críticas poderosas ao trabalho dele em torno da questão de raça e feminismo. Essa questão tem surgido em meus diálogos com homens racializados de outros países como Paul ou, por exemplo, Paulo Freire no Brasil*. Esses homens têm estado muito mais abertos que os intelectuais negros estadunidenses a deixar seu trabalho ser transformado pelo pensamento feminista, por seu próprio pensamento feminista e pelo pensamento das mulheres que eles leem. Até certo ponto, a ascensão do intelectual negro nos Estados Unidos coincidiu com a noção do intelectual como um patriarca, de forma que as lideranças masculinas como Henry Louis Gates**, Cornel West e outros homens se tornaram símbolos da restauração de um patriarcado perdido.

E é por isso que eu acho que vemos esses homens tendo uma crítica muito mais assertiva em relação ao sexismo no

---

\* O educador Paulo Freire faleceu em São Paulo, em 1997. [N. do E.]

\*\* Henry Louis Gates, Jr. (Virgínia Ocidental, 1950), cineasta, acadêmico, jornalista e crítico cultural. [N. do T.]

início da carreira e menos assertiva quando eles se tornam símbolos públicos de um espírito intelectual negro renovado.

**Stuart:** Essa conversa seria bem diferente se fosse conduzida na Grã-Bretanha através das linhas de classe. Se você falar sobre isso com homens negros vindos da classe trabalhadora e que estão envolvidos na indústria musical, ou algo assim, eles não vão saber do que você está falando. Nesse espaço, receio dizer, esses jovens são muito influenciados pelo modelo estadunidense. Ao longo de mais ou menos uns dez anos, o modelo estadunidense se tornou, entre esses jovens negros conscientes, mas não intelectuais em termos do trabalho que fazem, um modelo muito poderoso, e essa é uma das razões pelas quais a música negra aqui retrocedeu para uma forte afirmação do pensamento patriarcal e homofóbico. Isso está bem emaranhado nessa cultura. E aqui nós estamos falando através das divisões intelectuais e de classe. E no que diz respeito a isso, a questão inter-racial pode, sim, desempenhar um papel importante.

**bell:** Concordo.

**Stuart:** O contato com certas mulheres brancas faz esses jovens encontrarem o feminismo muito cedo, e a crítica que trouxe muitas mulheres negras para o feminismo chega muito mais tarde na Grã-Bretanha. E então, quando isso acontece, os homens negros já estão tão envolvidos na construção de relacionamentos com mulheres que eles não conseguem mais fazer isso da forma como costumavam fazer. Eles levam para os seus relacionamentos com outras mulheres negras o reconhecimento de que elas serão mulheres intelectuais, mulheres com uma noção mais firme de sua posição, com uma política própria, o reconhecimento de que elas serão pessoas que querem estabelecer um relacionamento baseado em uma crítica, e não na afirmativa de que nunca vão criticar os homens, a ideia de que, agora que somos parceiros, eu nunca vou dizer nada de você vai ser mais contestada, mais argumentada, mais negociada em termos de posicionamento. Nós todos já entramos em relações sabendo que vai ser assim antes de isso de fato acontecer.

**bell:** Quando pensamos no desenvolvimento histórico do feminismo estadunidense contemporâneo, de fato, o sexismo é questionado dentro do contexto do movimento negro nacionalista, e essa convergência entre homens negros e mulheres brancas fortemente engajadas com o pensamento feminista não acontece da mesma forma. Por exemplo, quando lemos um livro como *Personal Politics* [Política pessoal], de Sara Evans\*, sobre as mulheres brancas na luta pelos direitos civis, nós vemos que a retórica da subordinação à causa maior da liberdade racial supera a convergência entre o feminismo e a libertação negra. Esses movimentos se tornam então movimentos paralelos que são, na verdade, apresentados em conflito, e é por isso que acredito que essa geração mais nova de mulheres negras, de mulheres como eu, que estão ingressando na faculdade no auge do feminismo contemporâneo, acaba se afastando da noção de questionar o sexismo dentro do nacionalismo, porque, na verdade, nós estamos questionando o sistema como um todo, a família, a noção de nação. Eu mesma estava saindo de um contexto de amor livre, que não tem nada a ver com o contexto tradicional de politização negra.

---

\* Sara M. Evans (Carolina do Sul, 1943), professora emérita de história, foi editora da revista *Feminist Studies* e do *Journal of American History*. [N. do T.]

**Stuart:** Isso tem muito a ver com o fato de que a própria politização negra, a própria cultura política negra eram tão sustentadas por toda uma subestrutura de relações em torno da sexualidade e do gênero que não eram abertas a revisões.

**bell:** E também tem uma forma assustadora pela qual estrelas são construídas dentro da política negra. Por exemplo, eu não acho que muitas pessoas se lembram de que Angela Davis* não se destacou como feminista, que, na verdade, o que a trouxe a público foi sua presença subordinada em relação ao pensamento do homem negro, e, no caso de George Jackson**, a uma figura de rebelião da classe trabalhadora. Toda essa história teve a ver com masculinidade. Era a intelectual negra a serviço da masculinidade potente, poderosa e heterossexual. É triste que as pessoas não voltem a ler *Blood in My Eye* [Sangue no olho] ***, e em parte porque, quando o lemos, nós vemos o quão profundamente misógino e heterossexista o livro é em sua forma de ver a

---

\* Angela Davis (Alabama, 1944), filósofa, professora emérita de estudos feministas e figura proeminente na luta pelos direitos civis. [N. do T.]

\*\* George Jackson (Illinois, 1941 – Califórnia, 1971), escritor. Ao lado de dois companheiros de prisão, Jackson foi acusado de matar um guarda na prisão estadual de Soledad. Angela Davis, na época, fez amizade com o irmão mais novo de Jackson, Jonathan, com quem passou a lutar pelos direitos de Jackson e de seus companheiros. Jonathan Jackson decidiu fazer justiça com as próprias mãos e abriu fogo no tribunal do Condado de Marin, na Califórnia. Jonathan morreu na ocasião e, uma semana depois, Davis foi acusada de assassinato, pois, segundo a polícia, uma das armas que ele usou no tiroteio era dela. Angela Davis fugiu e foi capturada após algumas semanas. [N. do T.]

\*\*\* Livro de filosofia política escrito por George Jackson e publicado em 1972. [N. do T.]

revolução. O livro traça, através das gerações, o desenvolvimento de pessoas como Angela Davis, e nós precisamos reconhecer que ela passou a reivindicar o feminismo muito tempo depois em seu desenvolvimento político.

**Stuart:** É claro, e isso permite uma crítica ou revisão do período anterior que ela não poderia ter feito sem essa experiência.

**bell:** A pessoa cuja carreira, em termos de desenvolvimento do pensamento feminista, se destaca é Audre Lorde*. A politização de Audre Lorde acontece em uma notável convergência entre raça, sexo e classe.

**Stuart:** Sim, é um trabalho muito distinto.

**bell:** E enquanto poeta, as pessoas tendem a não valorizar o trabalho dela como um trabalho político.

**Stuart:** As pessoas citam Audre Lorde pela experiência que ela registra, mas não pelas ideias implícitas nessas experiências, que é como o conhecimento costuma ser distorcido, quando aparece em uma outra forma estética.

**bell:** O documentário *A Litany for Survival* [Uma litania para a sobrevivência]** mostra que Audre Lorde foi politizada dentro do contexto das lutas pela alfabetização e pelo

---

\*   Audre Lorde (Nova York, 1931 – Santa Cruz, Caribe, 1992), "negra, lésbica, mãe, guerreira, poeta", nas palavras da própria autora. [N. do T.]

\*\*  *A Litany for Survival: The Life and Work of Audre Lorde* (1995), dir. Ada Gay Griffin e Michelle Parkerson. [N. do T.]

direito ao voto no Sul, que ela não se separa das lutas que a levaram a se politizar como lésbica.

**Stuart:** Ela tem uma voz muito distinta onde todas essas coisas podem ser refletidas de forma simultânea, e não em sequência.

**bell:** É um grande dilema. Lorraine Hansberry* é, para mim, um outro modelo central de intelectual pública cujo envolvimento político com a África e a Etiópia é esquecido. A ironia é que, conforme ela mais se reivindica como um ícone lésbico, menos as pessoas passam a prestar atenção no quão progressista era ela em tantas frentes. É isso o que me intriga nela. Foi ela quem muito cedo levantou a questão do amor e da opressão, perguntando se de fato poderia haver amor nas famílias negras. Hansberry foi uma das primeiras pessoas a dizer: "Entre as pessoas negras, eu não encontro o afeto que os estereótipos poderiam nos fazer acreditar. O que encontro é uma verdadeira ferida trágica." Esses aspectos de seu pensamento ainda precisam ser relembrados. Costumo questionar o quanto disso tem a ver com o fato de que as pessoas que registram nossa história continuam presas, em sua maioria, a um pensamento hétero e patriarcal, e é muito conveniente para esse pensamento ignorar que houve mulheres que eram muito mais proféticas em relação àquilo que elas pensavam. Muitos pensadores negros contemporâneos falam de certas coisas como se eles...

**Stuart:** ... Como se eles tivessem acabado de pensar nisso.

---

\* Lorraine Hansberry (Illinois, 1930 – Nova York, 1965), pensadora, escritora e dramaturga. [N. do T.]

**bell:** E, na verdade, mulheres como Hansberry vinham formulando essas ideias algum tempo antes. Amy Garvey* é outra pessoa cujos pensamentos e escritos não ganham atenção, embora ela tenha impulsionado Marcus Garvey** a pensar mais profundamente sobre gênero.

**Stuart:** Isso é verdade. E também não se trata de uma negligência intencional, é mais uma incapacidade de ver a complexidade de uma formação intelectual e política. Os homens pensam que as mulheres devem chegar nessas percepções a partir de uma base feminina emocional dada e relativamente direta, e então eles não enxergam essas carreiras da forma como enxergariam a complexidade de carreiras masculinas enquanto carreiras profundas, cheias de rupturas, fases e evoluções. Nós não temos relatos sobre a politização dessas mulheres que levem em conta suas histórias complexas e, consequentemente, as profundidades proféticas do trabalho de muitas mulheres são perdidas, porque as pessoas não enxergam sua originalidade.

**bell:** Uma das coisas que eu venho tentando documentar é meu próprio envolvimento profundo com os poetas *beats* e com a geração *beat*, tentando dizer que, de fato, as coisas que me influenciavam aos dezoito, dezenove anos, enquanto eu escrevia *E eu não sou uma mulher?*, não diziam só respeito à experiência de um Sul segregado do qual eu vim, mas também tinham a ver com o meu interesse obsessivo pela liberação sexual, pelo amor livre, pelos poetas *beats* e o que eles faziam com o budismo, além de outras coisas. Só

---

\*   Amy Garvey (Kingston, 1885 – Kingston, 1973), editora, jornalista e ativista. [N. do T.]

\*\*  Marcus Garvey (Baía de Santa Ana, 1887 – Londres, 1940), ativista político, editor e comunicador. [N. do T.]

recentemente comecei a pensar que é importante documentar esses movimentos para que o enquadramento essencialista do desenvolvimento da intelectualidade negra não seja reafirmado constantemente. Uma das maiores preocupações que tenho tido com os meus alunos, em particular com o ressurgimento de um nacionalismo negro restrito, é o sentimento de que eles não têm que ler ou estudar nada que não tenha saído de uma base afrocentrada. Esse é um bom ponto para começarmos a discutir a vida intelectual negra. Aqui na Grã-Bretanha as coisas também estão acontecendo com essa mesma força afrocentrada?

**Stuart:** Não com a mesma força, mas é uma corrente contínua. Como eu já disse, é uma corrente mais forte fora dos círculos intelectuais, mas tem algum impacto nesses círculos, como você pode imaginar. Mas, ainda que você não tenha intelectuais negros que enquadrariam as coisas de forma afrocentrada e essencialista, você tem uma suposição geral na cultura de que intelectuais negros devem ser formados por coisas negras e tratar apenas de questões negras. O que ocorre é uma limitação extraordinária. Eu sempre abordei isso de uma forma estratégica. E isso sempre se deveu ao fato de que, particularmente na Grã-Bretanha, onde, apesar dessa longa relação imperial etc., a presença negra em grandes números é relativamente recente. E é sempre muito limitado, muito restrito, em termos da disposição nesse espaço como um todo, falar sempre, como que articulando em nome de um grupo de interesse, apenas sobre aquilo em que esse grupo de interesse possa realmente se interessar, como se essas questões não se relacionassem de forma alguma com o restante da sociedade. O que acontece com a negritude não afeta em nada as outras pessoas. Só nos afeta, nossos direitos, nosso ser. Eu sempre considerei essa posição como uma posição falsa para um intelectual, e tenho insistido em tentar encontrar uma forma de abordar essas questões de forma a torná-las tão essenciais para as outras pessoas como elas são para nós.

**bell:** É uma ironia desse nacionalismo contemporâneo restrito que, tendo crescido em um contexto de *apartheid* racial e tendo sido educado nesse contexto, ninguém duvidou se nós poderíamos falar francês ou aprender alemão, porque simplesmente se assumiu que nós poderíamos fazer essas coisas. Todo o contexto do mundo no qual fomos educados apontava para a ideia de que estávamos sendo educados para ser pensadores no mundo. A ironia é que essa educação acontece em um contexto de segregação totalmente negro. A noção que se tem do intelectual é uma noção de embaixador no mundo. Foi muito limitador para mim quando integraram as escolas e de repente as pessoas estavam me vendo apenas em relação à raça. Eu não estava acostumada a me ver só dessa forma. Quando me levantava no ginásio da minha escola exclusivamente negra para recitar Wordsworth\* a ideia era que todos os alunos ali se interessavam por Wordsworth. Esse tem sido um verdadeiro dilema.

**Stuart:** Essa é a verdadeira limitação de uma política essencialista.

**bell:** E essa limitação tem acontecido em ambos os lados nos Estados Unidos, no lado das pessoas brancas que dizem: "Você pode estar entre nós desde que você seja..."

---

\* William Wordsworth (Cockermouth, 1770 – Rydal, 1850), poeta romântico. [N. do T.]

**Stuart:** ... uma porta-voz do seu povo."

**bell:** E no lado das pessoas negras que dizem...

**Stuart:** ... "Você só pode ser autêntica se você for a voz do nosso povo." Essas duas coisas interagem uma com a outra e atuam com muita força.

**bell:** E claramente essas coisas inibem o desenvolvimento do pensamento negro intelectual. Parte da importância de *O Atlântico negro*, de Paul Gilroy, foi a lembrança de que indivíduos como Richard Wright*, James Weldon Johnson** e W. E. B. Du Bois viajaram pelo mundo comprometidos com um diálogo diaspórico.

**Stuart:** Essa é uma das coisas mais importantes nesse livro. Esse livro faz conexões laterais com o resto do mundo. Quebra o confinamento no qual uma política ou perspectiva essencialista põe essas figuras. Para mim, é isso o que diaspórico significa. Diaspórico significa que devemos estar sempre dialogando através de fronteiras segregadoras geográficas, espaciais, intelectuais, de outra forma, não poderia haver a formação de uma classe intelectual negra. Uma perspectiva política negra que não foi distorcida justamente pelas tentativas de descartar um padrão. O lugar precisa ter uma perspectiva mais ampla. E eles têm toda a razão no sentido de que essas fronteiras intelectuais continuam a ser inscritas racialmente, que nós não simples-

---

\* Richard Wright (Mississippi, 1908 – Paris, 1960), escritor. [N. do T.]
\*\* James Weldon Johnson (Flórida, 1871 – Maine, 1938), escritor, educador, advogado, diplomata e ativista pelos direitos civis. [N. do T.]

mente voamos por elas como uma abelha e pousamos onde bem entendermos.

**bell:** É por isso que eu sinto que tive muito a oferecer no sentido de não ter vindo de um contexto de uma negritude sem amor. Na verdade, eu vinha de um contexto total de negritude quando saí daquele mundo negro segregado e fui para Stanford. E tenho visto como algo central em meu projeto político enquanto pensadora feminista, e em termos de meu trabalho intelectual em torno da raça e do ser, uma presença que mostra que você pode amar a negritude e ao mesmo tempo ter um amplo interesse em muitas outras coisas.

**Stuart:** Sim. Essa é a combinação de que precisamos para tentar construir um significado político. E é aí, creio eu, que nos deparamos com as barreiras. É por isso que podemos levar essa ideia adiante com mais força, porque tem sido difícil encontrar uma política que se adéque a essa visão. Daí a política costuma nos levar a desertar do nosso lado, a nos tornar uma voz do mundo, nos inscrevendo na agenda de outras pessoas, ou nos leva a falar de dentro e, consequentemente, somos confinados a esse espaço. É por isso que mais avanços parecem estar sendo feitos nas frentes intelectuais, artísticas e estéticas e que também podem ser feitos na política. É como se o político ficasse para trás em relação a algumas coisas que agora nós somos capazes de ver e discutir a respeito intelectualmente. Mais uma vez *O Atlântico negro* se mostra tão importante, pois nos fornece, de uma forma vívida e profunda, evidências contínuas disso em relação a algumas das maiores figuras do movimento como um todo, historicamente.

**bell:** O livro se torna problemático quando não se mostra capaz de enquadrar essa relação em uma política progressista para o futuro. É exatamente o que você falou. Nós podemos fazer isso no universo da arte. Nós podemos fazer isso no universo da música e da escrita, mas, quando se trata de visualizar o que essa política expansiva seria, nós encontramos muita dificuldade.

**Stuart:** Sim, a coisa fica difícil e o livro não é bem-sucedido nisso. Precisamos nos perguntar qual livro poderia ou realmente capta isso no ar. Há tentativas de fazer isso, como a música, por exemplo, é tratada no final no livro. É uma metáfora, uma metáfora para a mudança, da mesma forma que esse conceito é aplicado ao domínio estético na cultura popular negra. É isso o que encontramos no livro, em vez de uma forma mais fundamentada de esboçar uma política adequada à posição intelectual da obra. E é uma metáfora, já que não temos nada além disso. Eu abordo essa questão porque, em relação a algumas das formas diaspóricas mais celebradas, tanto na política quanto no trabalho intelectual, às vezes sou visto como uma pessoa meio próxima dos essencialistas, quando mantenho meu interesse em falar apenas a partir do posicionamento negro. Há dois motivos para isso, um deles você já apresentou, que é o fato de que alguém sempre fala a partir de um espaço particular, ou espaços, a partir de um lugar, a partir de linguagens particulares, e você amará, respeitará e honrará essas linguagens que permitiram que você falasse, que permitem que você fale. Todo mundo vem de algum lugar. As pessoas não vêm do mundo, elas vêm de algum lugar e lidam com o mundo. Então nós precisamos ter esse respeito.

Mas a segunda coisa é que eu tenho um sentimento muito profundo de que, como não somos capazes de criar uma política que se adéque a essa nossa visão mais ampla, então nós temos que reconhecer até que ponto as pessoas negras comuns dependem de políticas essencialistas para preservar suas vidas dia a dia. Se não podemos defender essas pessoas de uma outra forma mais expansiva, mais aberta, nós não podemos simplesmente cagar em cima daquilo que resta para elas, em cima do lugar para onde elas têm sido jogadas, nas defesas que elas construíram, em que a única coisa que essas pessoas têm a dizer é: "Eu sou essa pessoa. Eu sou daqui. É para esse lugar que eu quero voltar. Essa é a minha defesa contra o mundo, sem ela, eu me afogo". As pessoas brincam com isso como se nós pudéssemos simplesmente sair flutuando por esses espaços ao nosso modo nômade e pós-moderno, indo de lá para cá, pegando emprestado aqui e ali. Essa versão da abertura, do diaspórico, a meu ver, é totalmente irresponsável.

**bell:** Eu tentei teorizar de uma forma que nos remetesse a experiências concretas. Nós não podemos intervir na política essencialista se não nos dispomos a compartilhar as estratégias concretas que usamos em nossas vidas individuais para viver melhor. Esse tem sido um verdadeiro dilema em torno das noções de privacidade e do individualismo liberal. Essa política essencialista mantém viva alguma noção de coletividade e comunalismo. E o que a ascensão para um estilo de vida liberalista e individualista proporcionou a muitos de nós, na verdade, é que não precisamos compartilhar estratégias, pois não estamos operando no contexto do comunalismo. Nós podemos nos ver operando em uma noção muito influenciada e iluminista de liderança, como um líder distante. Sempre me espantou que as pessoas não levantem críticas sobre o fato de Farrakhan viver afastado do eleitorado que ele lidera. Então, as estratégias de sobrevivência que ele emprega tanto para falar a um mundo da negritude quanto para manter viva uma noção dele mesmo como um indivíduo cosmopolita e diaspórico não precisam ser compartilhadas porque esse último lado dele não tem que ser mantido.

**Stuart:** Esses dois lados são bem separados e, ao mesmo tempo, são mantidos.

**bell:** Parte do que eu estava tentando dizer no último capítulo de *Killing Rage* [Raiva mortal] foi que, quando evoquei uma comunidade amada\*, eu estava bem interessada no trabalho de teóricos negros que diziam que o racismo nunca acabaria, que nós nunca nos livraríamos dele. Quando, na verdade, muitos de nós vivemos vidas cheias de diversidades de laços e vínculos. Eu escrevi sobre o fato de que acredito que há pessoas brancas na minha vida que se desfizeram de seu racismo. Eu não acredito que as pessoas precisam ser racistas de alguma forma essencialista, mas por que nós não conseguimos construir uma política progressista a partir desse ponto de vista?

**Stuart:** Eu falei antes sobre o filme que Jess está filmando. Jess está filmando um filme em Brixton sobre os jovens de lá. Brixton tem essa imagem de ser a comunidade negra mais antiga estabelecida em Londres, mas, é claro, o lugar é muito mais diverso. E está mudando muito rápido. Então ele está fazendo esse filme sobre os jovens de Brixton, sobre a diversidade de pessoas, e tem essa dupla maravilhosa, um

---

\* Conceito popularizado por Martin Luther King Jr. (Atlanta, Geórgia, 1929 – Memphis, Tennessee, 1968) e que reflete sua visão de uma sociedade igualitária, com justiça social e harmonia entre seus membros. [N. do T.]

menino negro e um menino branco, que são muito amigos. O menino branco é um rapaz da classe trabalhadora, típico de Londres, e tem uns dezessete anos. Ele construiu um lago de peixes com seu pai no terreno baldio onde moram. Ele conserta carros e dirige um carro minúsculo caindo aos pedaços. O menino negro de *dreads* é um DJ emergente. Os dois se conheceram, viviam então no mesmo lugar, mas, é claro, nunca tinham se falado, e eram meio que um o oposto do outro. O menino negro saiu de casa um dia e viu um grupo de meninos negros espancando o menino branco. Ele não sabe bem explicar por quê, mas foi em frente e parou os meninos negros. Ele disse: "Não façam isso. Ele é meu amigo". Mas ele não era. E porque ele era negro, os outros meninos o deixaram em paz. Desde então, os dois são amigos do peito. Eles não fazem tudo juntos. Vivem vidas bem separadas, mas, quando estão juntos, é óbvio que eles têm uma grande ligação. Eles viajam de carro para o campo. Um deles gosta do campo, então eles vão dirigindo para a costa sul.

No decorrer do filme, Jess pergunta aos meninos o que eles achariam de ter uma criança mestiça e os dois respondem: "Bom, eu não penso muito nisso. Não sei se eu conseguiria ter uma relação assim com alguém de outra raça. Mas" – os dois dizem – "seria meu filho, então eu cuidaria dele. Eu o protegeria." Os dois estão sentados um do lado do outro. São como dois amantes. Estão sentados na areia, jogando pedrinhas no mar. É um momento muito romântico. Eles viveram a vida juntos, muito próximos. O menino branco disse: "Eu não estaria aqui se não fosse por ele. Aqueles caras iam me matar, então eu devo tudo a ele. Eu devo minha vida a ele." Essa noção de que eles não teriam o tipo de relação com outras raças que poderia produzir uma criança mestiça vem de alguma coisa acima deles que não tem absolutamente nada a ver com a realidade da vida que esses jovens vivem em Brixton. Eles vão às mesmas baladas. Ouvem as mesmas músicas. Frequentam os quintais uns dos outros. Se reúnem nos degraus do mesmo conjunto habitacional. Então, em muitos casos, e na Inglaterra com certeza, o que é discutido como um tipo de política essencialista, como um enquadramento essencialista, costuma negar uma realidade sociológica que é muito mais complexa do que isso. E nós temos que falar sobre isso porque as pessoas podem dizer: "Você é da classe média. Você não vive isso. Você não vive nas linhas de frente." Eu não estou sugerindo que a linha de frente seja boa, que não existe racismo nela. Eu sei muito bem que o racismo está aí, mas você precisa abordar o racismo de uma forma que não seja unidimensional, que não se aplique a todos os jovens brancos ou negros que vivem em Londres.

**bell:** Mas esse é justamente o dilema e explica em parte por que o essencialismo está em ascensão, por que a experiência vivida não é mais aquela de contenção, mesmo no mundo do *apartheid* racial no qual eu cresci. Por causa da escassez de moradias públicas, esse mundo que era totalmente negro agora recebe muitas famílias brancas. Então a noção de negritude, obviamente, nunca será a mesma, porque a negritude na qual eu fui criada era baseada na não participação, no não envolvimento. Se você vivia entre as pessoas negras pobres e segregadas, você não tinha vizinhos brancos. A questão é a incapacidade das pessoas de articularem o significado dessas novas experiências. O que a negritude se torna nesse contexto diverso e variado?

**Stuart:** É como se não tivéssemos um conceito do que seria a negritude em um contexto de diversidade, é como se as coisas fossem polarizadas entre a negritude ou a diversidade, mas as duas coisas não pudessem caminhar juntas. Aliás, o que você acha do livro de Henry Louis Gates, *Colored People* [Pessoas de cor], sobre a infância dele?

**bell:** Escrevi uma crítica de uma linha sobre o livro dele no meu diário: "Caramba, esse cara escreveu um livro inteiro e não disse nada sobre a vida dele". Eu achei a estrutura interessante. Como estou para publicar duas autobiografias, tenho pensado muito na forma como memórias e autobiografias se tornaram um discurso crucial dentro do discurso sobre raça e gênero. Em parte, quando escreve sobre o passado, uma pessoa como Skip* está tentando dizer: "Eu posso estar em Harvard, e eu posso estar negociando nesse mundo acadêmico predominantemente branco, mas este é um testemunho para a negritude, para as minhas raízes." Mas é interessante como as pessoas, então, não conseguem criticar esse testemunho para perceber o quanto ele é moldado seguindo uma linha em particular, uma linha em particular que trabalha como uma afirmação de uma noção muito estática de negritude mesmo quando sua experiência não se encaixa em uma noção estática de negritude, mas envolve a negritude em um contexto diverso e variado.

**Stuart:** Com isso você quer dizer que ele não fala sobre seu próprio movimento de saída desse mundo ou sobre o que aconteceu desde então?

**bell:** Eu também senti que ele não falou sobre seu próprio movimento nesse mundo. Quando eu me sentava em meu lar fundamentalista cristão racialmente segregado lendo

---

\* Apelido de Henry Louis Gates Jr. [N. do T.]

Wordsworth e Elizabeth Barrett Browning*, imaginava-se o mundo para além de uma noção estática de negritude antes do movimento de saída desse mundo. E sinto que, de certa forma, reivindicar essa imaginação se tornou um gesto muito impopular. Para reivindicar uma negritude autêntica, nós não podemos confessar as outras forças que nos movem. A maior força na minha infância, em termos de meu desenvolvimento como pensadora e artista, foi Emily Dickinson**. Mas por muito tempo eu não me referi a Emily Dickinson porque não havia espaço para isso nesse projeto de reescrita de uma autenticidade negra. Eu senti que foi isso o que faltou na narrativa de Skip, a disposição de incorporar à narrativa uma imaginação própria da alteridade, que vai além do pessoal. Obviamente não conheci Emily Dickinson, mas o que ela simboliza como uma escritora devotada ao seu trabalho. Isso foi crucial para o meu desenvolvimento como pensadora e escritora.

**Stuart:** Ele deve ter sentido essas coisas também.

**bell:** Essa foi a lacuna que eu senti nesse texto, e tudo se torna marcado pelo encontro pessoal com o outro em oposição à imaginação como um campo de sonhos. No meu caso, o que me libertou das restrições da negritude e da branquitude na minha educação foi o gesto de imaginar um outro lugar. Até certo ponto, o que mais sinto em relação aos nacionalismos e fundamentalismos restritos é que esses nacionalismos e fundamentalismos atacam e agridem a imaginação. Nossa força para resistir está na imaginação.

---

\*   Elizabeth Barrett Browning (Coxhoe, 1806 – Florença, 1861), poeta da era vitoriana. [N. do T.]

\*\*  Emily Dickinson (Massachusetts, 1830 – Massachusetts, 1886), poeta. [N. do T.]

**Stuart:** Tudo isso é muito forçado e unidimensional. Não encoraja a brincadeira e a imaginação. Nós deveríamos ter sempre um outro possível. Não precisa ser um lugar real. Nós só precisamos de um lugar dentro da nossa cabeça para onde podemos ir. Você tem razão quando diz que essa dimensão está ausente no texto. E eu acho que gostei do livro porque pensei que era algo inesperado dele naquele momento fazer esse movimento.

**bell:** Isso nos faz perguntar mais uma vez por que as mulheres, e as mulheres negras em particular, nunca ascenderam de fato como lideranças proféticas de movimentos pela libertação negra. Nós podemos citar Angela Davis como um ícone poderoso, mas ela nunca foi realmente percebida como uma liderança. Isso tem muito a ver com o fato de que, conscientemente ou não, o feminismo tem que desempenhar o papel de conduzir qualquer pensadora ou liderança negra para uma maior subjetividade, para uma maior politização dela mesma. Mas como isso é tão rejeitado na esfera da negritude, até certo ponto, pessoas como Skip podem se tornar a voz, a autoridade, o pai venerado, apesar de suas relações inter-raciais, apesar de sua localização em lugares como Harvard, porque essas pessoas podem autenticar a negritude de outras formas. Nesse momento histórico eu vejo que essa narrativa trata disso, de reivindicar a negritude. Quando penso na história da minha infância, o que as pessoas veem quando leem essa história é o quanto eu sou influenciada por vozes que estão além das noções de negritude e de identidade negra, que são as forças de Wordsworth, Gerard Manley Hopkins\*, os poetas cujas palavras

---

\*   Gerard Manley Hopkins (Londres, 1844 – Dublin, 1889), poeta e padre jesuíta. [N. do T.]

preencheram os meus dias e cuja imaginação da realidade me deu uma noção da vida que eu queria levar, a vida para a qual eu estava me direcionando. Tudo isso deixou algo que autenticaria a minha negritude. Toda a construção da mulher negra como a traidora da raça, como uma traidora da raça quase inerente, impede as mulheres negras de transcenderem fronteiras em muitos níveis e de manter o tipo de posicionamento que possibilita a liderança. O pensamento mais amplo sobre identidade e negritude veio de pensadoras negras e, mais uma vez, da teoria negra gay, e, no entanto, essa é a teoria menos aceita. Então, no fim das contas, as pessoas terão lideranças negras masculinas, líderes negros mais conservadores que autenticam a negritude com a qual são mais familiarizados, em vez de acolher o trabalho de pensadoras e pensadores mais visionários, que vão além.

**✳✳**

**bell:** Esse é um outro assunto sobre o qual vamos conversar. Eu digo que sinto uma afinidade com a noção de Foucault\* de que, para ele, era difícil experimentar o prazer. Eu gostaria de relacionar isso com a nossa discussão sobre a intelectualidade negra dizendo que um dos aspectos mais profundos de desconfiança que muitas pessoas negras têm em relação ao intelectual, e muitas pessoas no geral também, é essa noção do intelectual como alguém que não pode ter prazer, que está atolado em uma seriedade anal retentiva que não permite o jogo, a brincadeira.

---

\* Michel Foucault (Poitiers, 1926 – Paris, 1984), filósofo, professor, teórico social e crítico literário. [N. do T.]

**Stuart:** Se esse intelectual se mostra assim, as pessoas têm razão em desconfiar.

**bell:** Então eu penso em W. E. B. Du Bois e C. L. R. James*...

**Stuart:** C. L. R. James brincava.

**bell:** E é exatamente por isso que, quando penso em conversar com você, e na motivação que tive para conversar com você, eu sinto que, em parte, nós estamos presos justamente porque a academia nos dá um tipo de discurso que é priorizado e valorizado, e, portanto, só um aspecto nosso pode ser articulado através desse discurso. Em parte, lutei muito para escrever tanto dentro quanto fora da academia para conseguir captar dimensões diferentes do ser. Isso não é muito evidente na escrita de uma pessoa como C. L. R. James.

**Stuart:** Não, e, em certa medida, na minha escrita isso também não é evidente, mas se mostra mais agora do que em uma fase anterior. E isso sugere não tanto que eu tenha mudado, mas que a minha relação com a escrita mudou. Então, escrever, em determinada fase, escrever de uma forma intelectual séria, demandou excluir ou eliminar da prosa coisas que eu sempre fiz, como encontrar prazer no pensamento e na conversa. Muitas pessoas acham mais fácil me alcançar pela conversa do que pela escrita. Eu tenho uma relação mais fácil com a conversa, com palestras e tal. E isso acontece porque, na fala, eu aprecio muito o meu lado brincalhão. E não estou dizendo conscientemente, eu

---

\*   Cyril Lionel Robert James (Tunapuna, 1901 – Londres, 1989), sociólogo, historiador e jornalista. [N. do T.]

percebo isso olhando para trás, ouvindo uma gravação. É quase como se a coisa estivesse na própria estrutura da frase. É como se eu literalmente começasse e não completasse a frase gramaticalmente. Tem uma espécie de ruptura, e então o vernacular se mostra para mim como uma forma divertida, irônica, exagerada, exuberante de apresentar o pensamento, que é diferente da forma comedida e acadêmica com a qual comecei. Mas, penso eu, acho que isso é o que muitas vezes acaba sendo editado. E também, quando eu escrevo, escrevo muito rápido, e só consigo fazer isso quase palestrando em silêncio para mim mesmo. Eu falo comigo mesmo como se eu estivesse falando com um público e escrevo, e mesmo que eu tenha que fazer alguma coisa com isso depois, ainda sobra uma espécie de espontaneidade. Mas não estou falando sobre a relação com a escrita, estou falando desse tipo de elemento de diversão, porque, a meu ver, eu acho as pessoas sem senso de humor, sem uma perspectiva irônica delas mesmas, completamente entediantes. Eu não consigo ficar perto dessas pessoas.

**bell:** Para mim, esse é um dos aspectos da academia institucional que tem sido muito difícil, a ausência de um lugar de humor e brincadeira. Eu estava pensando na nossa conversa sobre masculinidade negra, e o quanto a valorização da brincadeira parece ser essencial a qualquer projeto de crítica e intervenção em uma noção de autoridade patriarcal.

**Stuart:** Exato. A ausência de uma visão irônica de si mesmo permite a manutenção dessa política patriarcal.

**bell:** Relembrando a conferência sobre cinema, eu pensei na forma como as pessoas estão tentando transformar você em um ícone patriarcal, e como senti que fui completamente mal interpretada quando disse que, para mim, era possível valorizar o seu trabalho, adorar o trono de Stuart Hall, mas não de forma a novamente subordinar alguém a uma estrutura patriarcal. Eu fiquei chocada com a incapacidade dos homens, em grande parte homens negros, de imaginar um universo onde eles poderiam homenagear o poder do seu pensamento. Isso nos leva de volta à crítica de Paul da família, porque os homens parecem incapazes de fazer isso sem reinscrever você como pai dentro do paradigma patriarcal.

**Stuart:** Concordo com você sobre essa conferência. Foi uma experiência muito bizarra para mim, para todos nós, para todos os britânicos. O engraçado é que a minha filha, Becky, estava conosco. Nós não costumamos ir a conferências juntos, mas aconteceu de ela estar em Nova York na ocasião. Ela ficou absolutamente espantada. Ela sentiu uma profunda diferença em relação a essa versão em particular da minha vida intelectual, e em parte isso se deu pela falta de humor, pela falta de brincadeira. As palavras oscilavam entre uma afirmação e uma deferência exageradas, uma incapacidade de encontrar, de alguma forma, um meio-termo conforme critérios próprios que não comprometesse ninguém. Foi uma experiência curiosa para mim.

**bell:** Foi uma ocasião interessante. De um lado, você tinha a reificação da negritude ali e, de outro, havia um profundo desrespeito pelo vernacular, em particular por um certo tipo de sagacidade e humor que são intrínsecos ao vernacular.

**Stuart:** O vernacular foi completamente omitido e excluído. Era tudo sobre o vernacular, mas não havia nada de vernacular ali.

**bell:** Um dos meus maiores medos em relação ao nacionalismo é justamente seu desejo de aniquilar o espírito da brincadeira, já que a brincadeira perturba, altera e transforma. Em grande parte dos novos trabalhos que venho fazendo, eu tenho me esforçado muito para falar sobre o quão ameaçador tem sido para a causa da libertação negra que a cultura negra burguesa tenha se transformado no principal símbolo de liberdade. Eu penso que isso pode significar a destruição do vernacular, uma perda do vernacular. Uma das coisas de que me lembro da autobiografia de Skip é de sua total falta de humor. Uma rigidez na própria escrita que me surpreendeu porque não é uma rigidez que eu vejo em Skip enquanto pessoa. Na verdade, uma das pontes que separam Skip e uma pessoa como eu é o humor dele.

**Stuart:** Eu pensei que isso fazia parte do mundo que ele estava inscrevendo e da relação dele com esse mundo. Talvez ele esteja inserido na escrita e também no que ele fala.

**bell:** A escrita da negritude dentro de um paradigma de classe média, a meu ver, sempre vai demandar a exclusão do vernacular. É por isso que pessoas como Langston Hughes* e Zora Neale Hurston** discordavam tanto de outros grupos de escritores que se preocupavam em construir uma ideia organizada e limpa da negritude. E mais uma vez voltamos para Farrakhan, e até certo ponto a retórica de Cornel West costuma ser uma retórica da organização e da limpeza, na qual não sentimos que haja qualquer lugar para a brinca-

---

\* Langston Hughes (Missouri, 1901 – Nova York, 1967), escritor, poeta, ativista social e dramaturgo. [N. do T.]

\*\* Zora Neale Hurston (Alabama, 1891 – Flórida, 1960), escritora, antropóloga e cineasta. [N. do T.]

deira ou para princípios de prazer que demandem algo além de uma visão imaculada da negritude.

**Stuart:** Tem toda uma variedade de coisas sobre as quais podemos conversar quando falamos da brincadeira, porque, em primeiro lugar, nós estamos falando sobre a capacidade de se colocar e de colocar sua autoimagem em risco. Embora a brincadeira às vezes seja um dispositivo utilizado para preservar a imagem, quer dizer, se eu me ponho para baixo, você não vai me pôr tanto para baixo, mas, na verdade, a coisa não funciona assim. A brincadeira abre as portas para todo mundo. Se o objetivo é preservar uma posição patriarcal segura, enfaixada, cercada, não é uma boa arma para você.

Há outros elementos em jogo. Há o elemento da brincadeira que tem a ver com o diálogo, que tem a ver com a relação entre as pessoas. Isso nos leva de volta para a nossa questão sobre a conversa. A conversa é uma ótima forma de brincadeira. Há muito de brincadeira na conversa. A conversa é ligada ao prazer, em parte, porque sua modalidade é erótica, e com isso não quero dizer que exista apenas uma dimensão sexual na conversa, o que existe, mas não é a isso que eu estou me referindo. Eu quero dizer que uma boa conversa tem algo de provocação, flerte e rejeição nela. A boa conversa tem todos esses movimentos, nunca completos, nunca finalizados. A boa conversa opera por meio de uma série de progressões. Para sentirmos prazer em uma conversa, nós precisamos encontrar prazer nesses movimentos inacabados, que é uma das coisas de que mais gosto na conversa. Eu gosto de subverter as reuniões do departamento borrando as fronteiras através da provocação e do flerte público. Flertar em público com outras pessoas ao redor da mesa muda o contexto da conversa. A conversa não pode continuar daquela forma organizada e estabelecida como foi planejada porque você permitiu que um outro contexto a atravessasse. Nós vemos tudo isso e percebemos como tudo fica pelo meio do caminho. Todos esses elementos se encontram no convívio público, no convívio social ou até no convívio particular. É o material da interação...

**bell:** Em meu novo livro sobre cinema, *Cinema vivido: raça, classe e sexo nas telas*, eu escrevi um longo capítulo sobre *The Attendant* [O atendente], que é, de longe, meu trabalho preferido de Isaac Julien\*. Uma das coisas que eu sempre digo para as pessoas é que não consigo imaginar nenhum intelectual/acadêmico negro nos Estados Unidos fazendo parte de um projeto como esse. E o que mais me pegou quando eu vi você no filme foi essa brincadeira no campo da masculinidade de uma forma que não é permitida, por assim dizer, à masculinidade negra nos Estados Unidos.

**Stuart:** O mais engraçado sobre *The Attendant* é que eu, de verdade, não achei que o filme brincou o suficiente. Eu já apareci em outros filmes de Isaac e eles sempre têm um anjo branco com belas asas suspenso do teto, sempre fico esperando aparecer com asas pelo menos. Todos estão vestidos a caráter no filme, menos eu. Eu apareço em meu terno azul. Esse não é ponto, é claro, e fiquei feliz em interpretar esse papel. Há algumas diferenças entre os Estados Unidos e aqui. Eu não acho que uma delas seja que a negritude aqui não se constitua com prazer. A diferença não é tão óbvia assim. Tem mais a ver com o fato de que toda a Grã-Bretanha esteve mais envolvida com o império, com a escravidão, por centenas de anos, e mais ainda, de certa

---

\* Isaac Julien (Londres, 1960), artista, cineasta e professor. [N. do T.]

forma, que os Estados Unidos jamais esteve. Existe uma diferença, e não se trata de um país insano. Nos Estados Unidos, você ainda é vizinho de uma pessoa que poderia ter sido seu mestre. Aqui, é claro que eles foram nossos mestres, mas o retorno já aconteceu há tanto tempo e de forma tão interligada que as pessoas negras reencontram os britânicos como se soubessem algo sobre eles. Eles são inimigos íntimos. Mas não são íntimos da mesma forma. Não são família. Enquanto isso, nós sabemos que as pessoas negras e brancas nos Estados Unidos são um tipo de família, são membros da família. Existe uma intimidade na vida cotidiana. Essa intimidade marca as relações e, portanto, molda a resposta a essas relações conforme o modo como elas, consequentemente, são formadas. É diferente da forma como ocorreu na Grã-Bretanha. O reencontro entre as pessoas negras e o império colonial.

**bell:** Então fica muito difícil construir uma masculinidade que tenha o elemento da brincadeira. Na minha mente, surgem imagens de Malcolm X e a austeridade dessas imagens. A impressão é que nosso brilhante príncipe negro definitivamente não é um príncipe divertido.

**Stuart:** Não, ele não é.

**bell:** O que teremos que fazer culturalmente para liberar essa noção de masculinidade divertida, que quase parece uma masculinidade não confiável porque não reflete a possibilidade patriarcal, a autoridade?

**Stuart:** O problema é que sua defesa, agora, está enraizada no próprio racismo.

**bell:** Com certeza. Tenho sentido que as pessoas não têm sido muito receptivas ao novo trabalho de Paul, que tenta mostrar como as representações de práticas sexuais do corpo negro masculino têm sido muito fixas, firmes, como que situadas em um agente imóvel. A objetificação é perigosa para qualquer futuro da subjetividade negra radical e não é, de fato, um gesto de transgressão.

**Stuart:** E é por isso, claro, que nós estamos sempre pensando na indústria do cinema. Alguns filmes de fato quebram essa fetichização escultural.

**bell:** É interessante que ainda tenhamos de ter então uma imagem como o curandeiro negro em *Sankofa*, de Haile Gerima\*. Eu não gostei nada desse filme, pois ele abordou todos os estereótipos patriarcais de redenção racial, mas, na figura do personagem que Mutabaruka\*\* interpretou, há essa noção de uma masculinidade alternativa. Eu encontrei algum prazer nisso porque, embora o rastafári se construa como uma masculinidade alternativa, o rastafári nunca é estudado nos Estados Unidos, pois há uma tal sobreposição da associação de rastafáris com o sexismo que o elemento da diversão não recebe a devida atenção.

**Stuart:** Sim, concordo. Esse elemento tem sido definitivamente eliminado. Em fases anteriores, houve esse elemento de diversão. Era uma imagem fortemente alternativa, embora houvesse, é claro, um elemento patriarcal inscrito nela em relação à sua referência à rainha. Mas a forma como

---

\* Haile Gerima (Gondar, 1946), cineasta. [N. do T.]

\*\* Allan Hope (Kingston, 1952), conhecido como Mutabaruka, poeta, músico, ator e educador. [N. do T.]

a masculinidade se inscrevia aí era muito simples. O rastafári não problematiza a masculinidade de nenhuma forma, mas, ainda assim, não foi sustentado, apoiado, pela armadura da masculinidade ou da masculinidade patriarcal, de uma forma culturalmente patriarcal.

**bell:** Exatamente. Nessas narrativas, em sua crítica profunda do trabalho, de certos tipos de trabalhos alienados, há mais potencial para a ruptura da masculinidade patriarcal do que na forma como a imagem do rastafári serve, agora, dentro de um contexto patriarcal contemporâneo.

**Stuart:** Sim, a forma como o movimento não é conduzido pela luta por uma vantagem competitiva ou domínio, ou pela representação de um domínio do mundo externo, mas há esse conforto em simplesmente deixar o mundo passar. Tudo isso representou uma reinscrição muito profunda ou, em parte, uma reconfiguração de uma outra masculinidade negra.

**bell:** E eles também eram muito centrados no prazer. Me veio de repente a imagem de Tea Cake em *Seus olhos viam Deus*. Tea Cake, se formos imaginá-lo visualmente, teria esse elemento rasta. Mais uma vez, não o corpo duro, mas o corpo magro e vegetariano, o corpo contemplativo que diz: "Eu estou contente por passar algumas horas aqui perto desse lago observando o movimento das águas." Eu tenho uma lembrança de um show do Bob Marley, e a sensação de prazer, da exalação de um prazer abençoado. E eu comparei isso com o *hip hop* e esse sentimento de dureza, o sentimento de uma masculinidade muito dura e combativa que o *hip hop* passa.

**Stuart:** Marley desperta uma sensibilidade, um certo prazer.

**bell:** Eu estava pensando em *turn the lights down low and open wide your window curtains.**

**Stuart:** E, ao mesmo tempo, Marley não é alto e glamoroso. Ele é pequeno e magro. Marley é muito, muito distinto em sua imagem corporal enquanto o ícone e a voz dessa formação em particular. Difere muito do que vem sendo reconstituído no *rap*.

**bell:** Para termos essa visão política progressista da qual estamos falando, nós precisamos incluir nela a importância do prazer como algo que nos permite lidar com as dificuldades. No meu ver, isso também é uma coisa importante dentro do feminismo. O feminismo está entre os movimentos que quase se sufocaram ao eliminar toda a possibilidade de humor, toda a possiblidade de tratar com humor, na brincadeira, coisas que, sim, têm implicações sérias. Sem esse espaço para a brincadeira, os movimentos perdem seu vigor e sua capacidade de contingência. Mais cedo, eu estava pensando sobre a noção de contingência, na forma como nós, historicamente, operamos dentro de tradições políticas que não sugeriram que nossos paradigmas de libertação teriam que estar sempre em contingência, em mudança. Nossas tradições políticas sempre sugeriram que nós poderíamos ter algo estático, o que, para mim, sempre foi o que o paradigma da família patriarcal ofereceu. Esse paradigma oferece uma visão estática da liberdade em que nos agarrarmos, e não uma noção contingente que poderia afirmar:

---

\* Em inglês no original: "Apague as luzes e abra bem as cortinas." Bob Marley & The Wailers, "Turn Your Lights Down Low", do álbum *Exodus* (1977). [N. do T.]

"A família sempre muda, nunca é a mesma." Então, nós não podemos de fato apontar qualquer agrupamento como o agrupamento substantivo e mais poderoso, mas precisamos falar mais sobre feitos e ações dentro da família, e não dentro de um agrupamento em particular porque o agrupamento, especialmente quando pensamos sobre as pessoas negras na diáspora, é totalmente mutável, como quando consideramos áreas no mundo em que temos campos de refugiados povoados por mulheres e crianças. O que significa oferecer um paradigma patriarcal ridículo como o tropo da redenção em lugares no mundo onde esse paradigma é uma impossibilidade estrutural?

**Stuart:** Um tipo de graça possibilita a continuidade, operando como um reconhecimento da contingência, daquilo que não pode ser fechado, que não pode ser previsto, daquilo que vai continuar a nos mover e que já está presente na situação. Embora isso possa não acontecer em um tom completo, positivo, afirmativo, mas a ironia disso tudo é que já existe uma presença negativa aí, que já podemos perceber no horizonte da formação com a qual estamos lidando no momento. Isso é extremamente importante porque tantas políticas patriarcais essencialistas que carecem dessa dimensão do prazer, da ironia e da brincadeira não conseguem perceber que estão recapitulando suas próprias formas de exclusão, o que elas sempre fazem. Todos os movimentos em que estivemos envolvidos chegaram a esse momento de ver quem não estava dentro, de direcionar seus esforços para as pessoas que foram conscientemente excluídas. Esse elemento externo, então, volta para problematizar e perturbar a forma estabelecida do sujeito com o qual a política esteve envolvida. Isso aconteceu de forma muito profunda em relação à raça no feminismo. É a raça que está fora do discurso. E então a raça retorna, fazendo com que algumas pessoas sejam suficientemente perturbadas por sua inclusão a ponto de repensar onde elas estão. A natureza estática da política essencialista depende muito da exclusão dessa modalidade.

**bell:** O discurso da sexualidade se tornou um tabu tão grande dentro do feminismo justamente porque, nessa esfera da brincadeira e do prazer, era muito difícil manter tudo perfeitamente encaixado em categorias – opressor/oprimido. As pessoas não sabiam falar da forma como o desejo, ou mesmo um anseio de prazer, poderia, de fato, perturbar hierarquias de poder mais convencionais, que se tornariam outra coisa. Nós ainda estamos em um impasse em termos de possuir uma linguagem com a qual falar sobre essa outra coisa, pois, assim, estaríamos concedendo um poder para a brincadeira e para o prazer que nós queremos negar.

**Stuart:** Nós não temos uma política, e eu já levantei esse ponto antes, mas agora ele retorna com força, nós não temos uma política que inclua essa imagem, que inclua a incerteza dessa imagem. Nós nos vemos incapazes de pensar politicamente sobre o que essa imagem significaria. Nossas imagens da política estão tão arraigadas na ideia de unir as fileiras, erguer as barricadas, definir quem é o opressor, posicionar ele ou ela, ou quem quer que seja, no outro lado, completamente separado de nós, tirá-lo de nós e nos tirarmos dele. A imagem que nós temos da política como essa espécie de barricada mutuamente imposta nos coloca no dilema de querer derrubar essa barricada e, consequentemente, por assim dizer, não ter mais política nenhuma.

**bell:** Isso é exatamente o que tem acontecido com todas as políticas radicais nos Estados Unidos no momento. Há uma noção de que, se você se coloca do lado do prazer, de qualquer forma, então você deve estar se opondo a qualquer tipo de aliança política, o que é muito, muito assustador. Quando ouvi o título do livro de Elaine Brown* pela primeira vez, *A Taste of Power* [Um gostinho de poder], fiquei impressionada com as implicações eróticas dele, mas também com seu deslocamento. Não é um gostinho de liberdade que importa, mas um gostinho de poder, e a sexualização e erotização do poder. Isso combina com o nazismo, ou com qualquer coisa em que o fascismo tenha criado raízes. É esse sentido de erotização do poder que impede qualquer noção de brincadeira, contingência ou prazer.

**Stuart:** Isso se relaciona a um tipo de rigidez, e de fato é um desejo de rigidez, uma erotização do que é fixo.

**bell:** No ano passado, eu pensei muito na morte. A morte de Toni Cade Bambara realmente me fez parar e refletir, porque tantas escritoras negras morreram nos últimos anos e muito jovens, com seus quarenta, cinquenta anos. Isso me fez pensar muito na forma como vivemos nossa vida. Eu estive lendo as cartas de C. L. R. James para Constance Webb** e andei pensando no lugar da morte em nossa cultura. Eu sinto fortemente que, neste momento histórico, minha vida parece ter mudado muito pela realidade da morte, de uma forma que eu não teria apontado uns dez, quinze anos atrás.

---

\* Elaine Brown (Pensilvânia, 1943), escritora, ativista e ex-presidente do Partido dos Panteras Negras. [N. do T.]

\*\* Constance Webb (Califórnia, 1918 – Califórnia, 2005), escritora, atriz e modelo. [N. do T.]

**Stuart:** Eu deveria concordar, mas isso tem a ver com uma série de coisas diferentes que se encontram. Vamos falar um pouco sobre doenças. A Aids é um fenômeno muito particular. É uma outra doença. É uma doença diretamente relacionada a todos os tipos de situações sociais, e é tão inesperada, e tem sido relacionada de forma tão desastrosa com o prazer e o desejo na cultura. Então, eu acredito que é inevitável, mesmo que a outra coisa que vou dizer não estivesse presente, as pessoas sentiriam que estão constantemente diante da morte de uma forma que, acredito, eu não sentia quando tinha meus vinte, trinta anos. Pessoas mais jovens se sentem assim, em parte, porque todas elas conheceram pessoas que morreram. Mas eu também penso que é uma questão de idade, pelo menos no meu caso. Na metade da minha vida, eu realmente senti que era imortal. Não quero dizer que me sentia especial. Eu só não conseguia imaginar a morte. Eu não conseguia conceber a morte, então eu não vivia tanto no presente. Eu não pensava muito na morte. Nem sentia tanto medo dela.

**bell:** No mundo da minha infância, as pessoas negras ficavam doentes e não podiam ir ao hospital. O hospital não recebia gente negra. Só havia um hospital pequeno e velho para as pessoas negras, então, se você estivesse morrendo, eles não queriam que você fosse para lá, pois havia poucas camas e essas camas eram para pessoas doentes. Morrer era uma coisa que se fazia em casa. Na minha infância, a morte estava por perto e muito presente, embora geralmente pessoas mais velhas morressem. Era definitivamente uma presença cotidiana.

**Stuart:** Quando eu era jovem, muitas pessoas daquela geração morreram. Eu já falei de uma tia favorita com quem eu passava muito tempo, que cuidava de mim. Ela morreu relativamente jovem, e como eu era o mais novo na minha família, senti muito a morte dela. Então, parece, houve um período no qual não conheci muitas pessoas que morreram. Eu não fui tão tocado pela morte até que meus pais começaram a ficar doentes e, então, morreram. A morte dos meus pais é muito importante para mim porque eu não me dava bem com eles. E, com o tempo, fui me dando cada vez menos bem. Eu saí de casa porque não me dava bem com eles. Eu sabia que, se voltasse, eu não conseguiria escapar deles naquele pequeno contexto da Jamaica, e eu sabia que não poderia viver no mesmo lugar que eles. Passei grande parte da minha vida adulta tentando aceitar a minha relação com eles, e eu meio que tinha a ilusão de que, quando eles morressem, esse problema se resolveria. Mas o curioso é que, como eu saí de casa muito cedo, nada mudou quando eles morreram. Eu já tinha internalizado todos aqueles problemas, já vivia em um diálogo interno com eles por tanto tempo que sua morte literal, física, não fez muita diferença.

O fenômeno mais recente, a experiência mais recente, tem a ver com pessoas da minha própria geração, e pessoas que eu conheço bem estão de repente chegando naquele ponto em que as pessoas que você conheceu pela vida começam a morrer. Eu vi isso acontecendo, primeiro, quando a mãe de Catherine foi morar com a gente. Ela tem uns noventa anos agora e tinha um grande grupo de amigos, e, como é típico das gerações anteriores, ela cuida muito bem de suas amizades antigas. Ela sempre escreve para os velhos amigos, mesmo para pessoas que não vê há vinte anos. Ela escreve uma ou duas vezes por ano. Ela tem esse hábito de escrever, então está sempre conectada a várias pessoas conhecidas. Ela foi casada com um pastor batista e, na igreja, acabou conhecendo muita gente. E mantém contato com muitas dessas pessoas, embora, durante os quinze, dezessete anos em que ela mora com a gente, praticamente todos os meses são marcados pela morte, de forma que você vê o mundo dela desaparecendo. Como luzes apagando, há essa escuridão crescente. Ela vivencia isso com muita intensidade. Então eu me dei conta do fato de que, quando você se conecta a uma rede de uma geração que possui seus interesses, atividades, trabalho e amizade, essa é uma perda que não pode ser reparada nesta vida. Ela não pode reconstruir esses contatos. Eles acabaram. É quase como um tipo de antecipação da morte na morte de outras pessoas.

**bell:** Eu acho que comecei esta conversa com a memória de Toni Cade Bambara porque, para mim, ela, ao lado de outras figuras como Essex Hemphill* e Marlon Riggs**, esteve na vanguarda de um certo tipo de pensamento sobre desejo e vida. Eu tenho pensado muito sobre uma estética da existência e sobre pessoas comprometidas em criar uma vida que reflita o que elas escrevem ou pensam. Eu sinto muito, muito profundamente a perda dessas pessoas e de outras que não estou nomeando aqui e cujas vidas foram uma inspiração para mim.

**Stuart:** Isso aconteceu comigo mais recentemente, nos últimos cinco anos. E curiosamente coincidiu com o meu próprio adoecimento. Há muitas pessoas de uma geração mais nova que estão nos seus quarenta anos e que estiveram muito doentes, algumas até morreram. E se não estão morrendo, são acometidas por alguma doença grave com a qual

---

\* Essex Hemphill (Illinois, 1957 – Pensilvânia, 1995), poeta e ativista. [N. do T.]

\*\* Marlon Riggs (Texas, 1957 – Califórnia, 1994), poeta, cineasta, educador e ativista. [N. do T.]

têm que viver até a morte. Então só a consciência disso como uma nova dimensão da forma como vivemos com outras pessoas já é uma realidade bem impactante.

**bell:** Uma das coisas que a Aids fez foi quebrar o tabu social em torno da morte como um discurso público. Eu sinto que temos uma consciência muito maior sobre doença e morte. A Aids, por sua proximidade com a sexualidade e o desejo, fez as pessoas começarem a falar mais diretamente sobre doenças. De repente, fico sabendo que muitas mulheres negras têm lúpus. De repente, nós temos um ônibus em Nova York informando que milhares de pessoas morrem de lúpus todos os meses, o que é um número muito maior em comparação ao número de pessoas que morrem de Aids ou de outros tipos de doenças. Eu não sei se quatro anos atrás eu já tinha ouvido a palavra lúpus. Em parte, nós temos esse novo tipo de consciência, e porque não existe mais o tabu social de discutir doença e morte, nós não temos mais a ideia de que deveríamos manter nosso câncer em segredo. Agora, nós estamos bem cientes de colegas, amigos, companheiros e conhecidos que têm doenças sérias sobre as quais nós talvez não falaríamos uns anos atrás.

**Stuart:** Isso é verdade. Eu acho que esse tabu foi quebrado. As pessoas passaram muito tempo discutindo o tabu de falar sobre a morte, mas não conseguiam fazer nada a respeito. Mas o tabu desapareceu nos últimos cinco ou dez anos. Você tocou exatamente naquilo que possibilitou isso. Foi a combinação de doença e morte. A doença é o começo de todo um processo de morte, então, se as pessoas não morrem, a doença nos lembra de que essas pessoas entraram em uma fase que leva à morte. O discurso em torno da morte costumava ter um momento final e definitivo sobre o qual não se podia falar, mas agora nós podemos falar sobre isso porque esse momento pode ter duas, três, quatro, cinco fases. Isso se aplica bem a pessoas nos seus quarenta, cinquenta anos, porque é o momento em que, pelo menos na minha experiência, quando você chega lá, você se dá conta de que isso está acontecendo com outras pessoas, alguma doença grave, mesmo que não haja risco de morte.

**bell:** Ou o caso de algumas amigas feministas cujas famílias, hoje em dia, falam sobre a presença dos chamados genes cancerígenos hereditários, quando todos os membros da família estão em risco.

**Stuart:** As pessoas estão cientes de que as doenças de seus pais representam algo mais do que costumavam representar. É algo que a própria família carrega.

**bell:** Ou o caso de pessoas que criam filhos cientes de que, uma vez que ela já teve câncer, como todos os membros da família menos um, e muitos morreram, em algum momento ela pode não estar lá para a filha dela. Essa mulher cuida da filha com essa consciência e, em parte, isso se deve à tecnologia médica. Essas tecnologias são muito recentes, então, em um outro momento histórico, ela não teria ciência disso.

**Stuart:** Isso também perturba a sucessão natural das gerações. Eu conheço muitas pessoas nos seus quarenta anos que, aparentemente gozando de boa saúde, de repente desenvolvem uma doença grave. Algumas morrem e muitas outras não, mas essas pessoas nunca mais foram as mesmas. Elas tomam consciência de que começaram a se aproximar da morte.

**bell:** Eu estive muito doente uns anos atrás e foi um momento decisivo na minha vida. Até aquele momento, eu tinha muitas fantasias, não tanto de imortalidade, mas eu pensava que tinha bastante tempo para resolver muitas coisas na minha vida. Também me lembro de uma vez quando fiz uma biópsia e estava aguardando os resultados. O diagnóstico foi muito direto: "Se for maligno, você só tem alguns meses de vida." Durante os seis dias que passei aguardando o resultado, eu fiz uma avaliação da minha vida e não fiquei feliz com o que vi. Eu não fiquei feliz com o lugar onde eu sentia que estava. Eu quero falar mais sobre a arte de morrer porque sempre senti, sendo tão familiarizada com a morte na minha infância, que queria viver minha vida de forma a me sentir satisfeita, quando chegasse o momento do morrer ou da morte, com a vida que eu vivi. Para mim foi um choque perceber, naquele momento, que eu não estava satisfeita. Naquele momento senti que tinha doado muito da minha vida para o trabalho, que havia outros aspectos da minha vida que eu não tinha explorado plenamente, para os quais eu não havia me entregado, que grande parte da minha vida entre os vinte e os quarenta anos tinha sido dedicada à escrita e ao trabalho. Senti um pânico e um medo reais de que eu poderia estar perto da morte sem ter vivido essencialmente a vida que eu queria viver.

**Stuart:** Sim, foi isso o que eu quis dizer quando falei de antecipação da morte. A primeira doença grave que acomete alguém na meia-idade. Não que a pessoa não se recupere dessa doença, mas essa experiência é diferente de outras doenças porque desperta uma consciência que envolve analisar a vida que levamos. Isso cria momentos decisivos. E certamente criou momentos decisivos no meu caso, quando eu fiquei doente pela primeira vez, no início dos anos 80. Isso criou um momento decisivo exatamente desse tipo. Eu havia passado muito tempo trabalhando e também sentia que tinha perdido o controle da minha vida por outras pessoas. Eu havia mais aceitado o que as pessoas queriam para mim do que conseguido coisas que eu queria para mim mesmo. De repente, me dei conta de eu precisava parar e me perguntar: "O que você quer? O que vai acontecer se você não terminar isso? O mundo vai acabar?"

Foi um momento decisivo muito importante, mas que também me fez pensar que talvez nós precisemos abandonar a ideia de uma arte de morrer que signifique uma satisfação plena em relação à vida. A arte de morrer pode ser entrar em um acordo com a desordem e as falhas da vida que de fato vivemos. É uma outra forma de colocar isso. Se pensamos nessa arte como uma arte que formará um arco, por assim dizer, então nós incorporamos alguma satisfação nela. Conheço várias pessoas mais velhas, e isso foi algo que me tocou profundamente, e muitas delas estão bem infelizes com a vida que viveram.

**bell:** Eu acabei de ler as memórias de Margaret Forster\*, que conta a história de três gerações de mulheres da classe trabalhadora, e uma das coisas mais tristes e comoventes de sua história foi que ela teve que lidar com a grande amargura de sua mãe quando ela começa a se aproximar da morte aos oitenta anos. A mãe dela dizia sempre: "Minha vida não vale nada. Eu não fiz nada." Eu fiquei muito tocada quando li.

**Stuart:** Isso é muito comum. Tem havido uma certa romantização de toda a experiência do envelhecimento como se,

---

\*  Margaret Forster (Carlisle, 1938 – Londres, 2016), escritora e historiadora. [N. do T.]

de alguma forma, a serenidade tenha sempre que acompanhar a velhice, ou o sentimento de plenitude de uma vida bem vivida. Isso acontece, e as pessoas têm sorte quando se sentem realizadas quando estão encarando a morte. Mas eu acho que seria melhor nos prepararmos, aceitarmos melhor o que podemos e não podemos resolver em vida, o que não teremos tempo para fazer. Eu penso nos meus problemas não resolvidos, mas, de certa forma, é tarde demais para resolvê-los. Nós não somos capazes de recriar circunstâncias.

**bell:** Então a coisa se torna uma resolução em si mesma. Quando estive doente, uma das coisas que senti ao olhar para a minha vida foi que havia uma espécie de paixão, por exemplo, que entendi que não tive na vida, um certo envolvimento com outro ser humano que eu queria ter. Desde então, eu tive isso, e agora sei a diferença. Eu sei que não sentia que poderia morrer três anos atrás, mas agora sinto que posso. E não porque essa paixão não tenha sido confusa e cheia de problemas. Não foi a paixão de contos de fadas em que as pessoas vivem felizes para sempre, mas foi algo que me fez sentir que eu havia completado alguma coisa.

**Stuart:** Essa sensação de completude é diferente. É uma sensação de que, mesmo que a experiência da qual estamos falando, o sentimento do qual estamos falando e que desejamos vivenciar sejam profundamente confusos ou perturbadores, ainda assim é melhor vivê-los do que não viver. É melhor ter a oportunidade de refletir sobre isso e sobre a diferença que essa experiência ou esse sentimento fizeram na nossa vida do que nunca ter vivenciado porque a oportunidade não apareceu ou não foi aproveitada.

**bell:** Muitas dessas pessoas mais velhas cheias de amargura são amargas justamente porque viveram tanto e ainda assim não foram capazes de perseguir aquilo que desejam. Essa amargura não existe só porque essas pessoas têm que enfrentar a morte diariamente, pois muitas delas são doentes e sabem que estão lidando com a morte, que não podem deter a mão da morte, e, ao mesmo tempo, elas lidam com o fato de que tiveram todos aqueles anos para assumir o risco, para dar um passo corajoso, e não fizeram isso.

**Stuart:** Isso também se aplica a pessoas que vivem muito além de sua geração. As ideias e ideais da próxima geração desafiam, em retrospecto, a vida que elas vivem. Essas pessoas estavam muito felizes com sua vida até chegarem suas filhas e filhos que, inevitavelmente, no curso de seu crescimento, têm de romper, construir ou declarar um outro tipo de vida. Isso lança uma luz em retrospectiva na vida dessas pessoas.

**bell:** É incrível, e isso também faz parte de toda a comoção do livro de Margaret Forster, pois ela consegue traçar gerações de mulheres da classe trabalhadora que tiveram que trabalhar muito. Eu olho para a minha mãe e só imagino como foi ter criado sete crianças sem uma máquina de lavar, como era o dia a dia dela com tanta roupa suja, as horas de sua vida que ela dedicou a essa tarefa. Eu desperto para um mundo em que não tenho filhos, as coisas mal sujam, e ainda tenho alguém que vem, pega as coisas sujas, leva embora e traz as coisas limpas de volta. Isso cria muitos conflitos geracionais que não são discutidos, um certo tipo de desprezo que minha mãe guarda pela minha vida, porque ela sente que a minha vida, de alguma forma, condena a vida que ela viveu.

**Stuart:** A nova vida é uma condenação da vida que ela de fato viveu. De certa forma, a insatisfação não vem só de dentro, mas também parece vir de fora. No momento que você deveria estar contemplando serenamente a boa vida que você viveu, seus parentes mais próximos, amigos, filhos etc., apontam, na vida que eles vivem, as falhas da sua vida.

**bell:** Você acha que a realidade da morte está mudando a forma como nós pensamos o conhecimento? Me parece que esses momentos históricos nos quais a arte de morrer recebia grande atenção também foram momentos históricos em que as pessoas morreram de pragas, de doenças sem cura. Nós seremos transformados por essa realidade de doença e morte?

**Stuart:** Nós somos, e em parte, é claro, pela própria longevidade da vida.

**bell:** E isso se apoia no que acabamos de dizer.

**Stuart:** Um fato sobre esses períodos anteriores é que as pessoas, em sua maioria, viviam relativamente pouco. No geral, as pessoas morriam mais cedo. E ainda que não morressem, elas esperavam por isso. Então, o prolongamento da vida hoje, com conhecimentos e tecnologias médicas, abre toda uma nova dimensão. É como se você vivesse uma geração e um pouco mais, não apenas dentro da sua geração, e isso influencia na forma como nos entendemos, como entendemos o que queríamos. E tem mais uma coisa sobre a morte e a velhice que se relaciona a isso. Quando você vê uma pessoa muito velha que viveu a vida que ela conseguiu viver e ainda está insatisfeita, nós costumamos perguntar o motivo dessa insatisfação, mas não sabemos o quão jovens as pessoas mais velhas se sentem. Os vinte anos de uma pessoa mais velha podem estar muito distantes para nós, mas podem não estar tão longe assim para elas. Da mesma forma como a sua infância e a sua juventude parecem tão próximas.

**bell:** Mas o significado de ser uma mulher de quarenta e poucos anos agora é tão diferente do que isso significou historicamente, em grande parte por causa da invenção da pílula anticoncepcional. As mulheres da minha geração, nascidas nos anos 50, de repente viram suas vidas completamente transformadas pela ausência do medo de uma gravidez indesejada, pela ideia de que poderíamos escolher ter filhos ou não. Ainda não houve estudos e pesquisas suficientes em relação ao impacto disso na sociedade.

**Stuart:** É uma mudança muito profunda.

**bell:** É uma mudança muito profunda para a identidade feminina. Atualmente, nós não temos essa lacuna entre as gerações de mulheres, pois há toda uma forma de perceber a realidade que é inimaginável para mulheres que cresceram em uma época na qual não havia métodos de controle de natalidade adequados. O significado da sexualidade mudou completamente. Quando eu digo para as minhas alunas que, no auge do movimento feminista contemporâneo, nós ainda estávamos discutindo se as mulheres poderiam ser escritoras, se as mulheres de fato poderiam escrever com a liberdade e o poder dos homens, elas ficam chocadas. Os argumentos se relacionavam à noção de que a relação das mulheres com a linguagem e a vida era limitada pela restrição de movimentos que a chegada dos filhos costumava causar. Eu estudei com Diane Middlebrook* em Stanford, e me lembro de que tínhamos muitas discussões acaloradas sobre a questão das mulheres e a escrita, nos perguntando se o advento dos anticoncepcionais revolucionaria ou não o modo de pensar o intelecto feminino.

**Stuart:** E revolucionou. E nós sabemos muito pouco sobre essa mudança revolucionária. Temos ciência de suas consequências imediatas, mas não de suas consequências em termos de vivência, tanto para as mulheres quanto para os homens.

**bell:** O que nos permite mudar o assunto da morte para o desejo, porque, em parte, o que os anticoncepcionais fizeram foi permitir aos homens e às mulheres que pensassem a sexualidade de uma outra forma. E aqui eu não quero fazer parecer que estou falando só sobre homens e mulheres heterossexuais, porque, se parte do estigma da homossexualidade é a impossibilidade de ter "filhos", de repente nós temos um mundo onde pessoas heterossexuais não terão filhos. E isso produziu um nivelamento inédito na história. Agora você não pode presumir que uma pessoa é gay só porque ela não tem filhos.

**Stuart:** A mudança está ligada à separação entre o desejo e a reprodução, que, é claro, nunca foram tão unificados quanto a ideologia dominante nos quis fazer acreditar, mas o desejo e a reprodução foram empregados de uma forma conjunta e contínua que não condizia com a realidade. Consequentemente, o desejo, no geral, e também a sexua-

---

\*   Diane Middlebrook (Idaho, 1939 – Califórnia, 2007), poeta, biógrafa e crítica. [N. do T.]

lidade ganharam uma espécie de semiautonomia, como discurso público e no domínio público de conduta, que nunca tiveram antes desse advento. Isso é muito importante, e também o ponto que você levantou sobre as pessoas gays e heterossexuais não terem filhos agora, de forma que você não pode mais marcar as pessoas gays desse jeito. De várias formas, no presente campo da sexualidade, nós não somos capazes de dizer, não podemos distinguir, enquanto, em culturas sexuais anteriores, esses espaços eram demarcados, fixos, imutáveis ao longo do curso da vida, e não é mais o caso.

**bell:** O que eu acho interessante é que as pessoas apontaram pouco isso no mundo dos estudos culturais, de uma forma que realmente analise, de certo modo, essa lacuna geracional que tem a ver com visões de mundo completamente opostas. Houve um terror que uma vez moldou a vida das mulheres em torno da gravidez indesejada, e elas viveram para ver uma geração de mulheres que têm uma agência sexual que elas sequer conseguem começar a imaginar. Isso gerou áreas de conflitos entre as mulheres, desentendimentos que os estudos culturais e o feminismo ainda não começaram a explorar de fato.

**Stuart:** Acho que você tem razão nisso, porque, em primeiro lugar, essa experiência, até certo ponto, é ligada à classe e é muito definida em termos geracionais. Não apenas definida em termos geracionais, mas também em termos de arenas sociais. Na Inglaterra, ainda há muitas mulheres de classe média que, com acesso ao conhecimento e poder aquisitivo, não encontram barreiras para viver uma vida muito mais aberta e plena, mas escolhem não vivê-la por motivos culturais e ideológicos. E por ser tão ideologicamente carregada, essa questão parece estar sendo estudada na maioria dos países mais em termos de regulação da sexualidade, e não tanto em termos da experiência do desejo. A experiência do desejo é muito mais difícil de traçar, de ser discutida, mas acontece que a mudança se encontra tanto nesse nível quanto na regulamentação da conduta.

**bell:** Isso me interessa muito porque venho pensando bastante no assunto. Escrevi uma autobiografia sobre um período da minha vida, contando como me tornei escritora. O que me chamou a atenção quando comecei a escrever *Remembered Rapture: The Writer at Work* [Relembrando o encanto: a escritora em ação] foi o grau em que a sexualidade e o exercício do desejo estavam completamente ligados à forma como nós estávamos remodelando, no fim dos anos 60 e início dos 70, uma noção de criatividade e poder. Para nós, as duas coisas caminhavam juntas, e se quiséssemos ter uma visão ampla, crítica e criativa, essa visão também estaria intimamente ligada a uma sexualidade mais ampla e multidimensional. De certa forma, eu escrevi o livro lamentando a perda desse fervor e da noção dessas duas coisas. Agora, as pessoas se comportam como se nunca tivesse existido uma tensão entre a criatividade feminina e a questão da agência e da aventura sexual. Há um novo interesse nos *beats* agora, e, relendo o trabalho deles, eu entendo que as mulheres que foram casadas com Kerouac e se envolveram com aqueles homens ficavam em casa cuidando das crianças. Toda essa noção de uma estrada para quem escreve ainda é nova para a psique criativa feminina, é como se agora nós pudéssemos pôr o "pé na estrada", por assim dizer, sem temer sérias consequências. Mas você pode ser estuprada na estrada e ter uma criança que não queria. Você pode ser estigmatizada como uma "vadia". Há várias ramificações. Por um tempo, muitas dessas coisas foram questionadas. Agora, o que me preocupa é esse tipo de questionamento rigoroso da sexualidade, e a questão da liberdade sexual parece estar profundamente ausente agora, tanto no discurso dos estudos culturais quanto no feminismo. Isso me preocupa muito.

**Stuart:** Eu não entendo essa ausência. Esse é um privilégio de segunda geração, dar por garantido o que foi vivenciado de uma forma bem diferente da primeira vez que a barreira foi quebrada.

**bell:** Também é importante lembrar que o feminismo começou a explorar a sexualidade, mas que a discussão de fato parou em torno do discurso do sadomasoquismo porque a relação entre o poder e o desejo não pôde ser conciliada na linha da liberdade. A forma como tínhamos definido o significado de liberdade e o significado de justiça sempre em termos de igualdade não podia ser conciliada com essa arena do desejo onde tanto permanece desigual em termos de quem deseja, quem busca, quem é a pessoa amada, quem é a amante. Não eram questões fáceis de conciliar, então a sexualidade teve de ser deixada de lado, principalmente dentro do feminismo, porque não fomos capazes de conciliar o desejo com aquelas noções tão organizadas de liberdade que estávamos formulando.

**Stuart:** Eu nunca tinha pensado nisso em termos de uma noção organizada de liberdade. Eu teria pensado nessa tensão, que, penso eu, tem mais a ver com a tensão entre o desejo e as normas, como as questões do sadomasoquismo, igualdade, o uso do corpo das mulheres na propaganda, todo o debate em torno da pornografia, e sua relação com o desejo, de um lado, e com o respeito, de outro. Há questões de liberdade envolvidas aí, mas é como se questões externas de conduta fossem para o centro do palco. E quando isso acontece, as questões mais profundas, perturbadoras e inevitavelmente ambíguas em relação ao desejo, que simplesmente não podem ser canalizadas dessa forma tão reguladora, a exploração nesse nível, nessa dimensão, já cessaram ou foram interrompidas. Me interessa o que isso significa em relação aos homens, que sempre tiveram uma licença sexual e um certo tipo de liberdade que as mulheres não tiveram. Você poderia dizer que, obviamente, os homens não são tão afetados pela mudança da qual você está falando, mas não penso que isso seja verdade. A noção de liberdade sempre foi relacionada ou marcada como uma coisa ilícita, externa, desejável, desregulada. A matriz heterossexual estabilizou um campo, mas havia outro. Havia uma separação entre a vida sexual regulada e o desejo sexual. É claro que aos homens era permitido explorar nesse domínio onde as mulheres não podiam, mas eles não eram desvinculados da continuidade da monogamia heterossexual como um ideal absoluto da vida sexual. A situação dos homens também foi transformada.

**bell:** É exatamente sobre isso que as pessoas acham difícil escrever ou pensar. A forma como eu estava estruturando minhas afirmações tem a ver com o significado das mudanças na agência sexual feminina no caso da vida das mulheres, mas sem vinculá-la à vida dos homens, onde grande parte da sexualidade masculina, particularmente dentro do quadro do heterossexismo, foi construída. Seja você gay, hétero ou bissexual, o que se constrói dentro desses paradigmas é uma agência sexual feminina restringida e contida, em contraste ou em oposição a um espírito aventureiro masculino que pode se manifestar. O que acontece quando você nivela esse campo de disputa...

**Stuart:** ... é um colapso nervoso da masculinidade, que se expressa de várias formas, incluindo todos os tipos de reações violentas, reconfigurações, (re)exageros, o reavivamento de certos tipos de masculinidade heterossexista, de um lado. De outro, há uma noção diferente de liberdade, de agência, subjetividade e sexualidade entre alguns homens.

**bell:** Isso nos faz voltar ao que estávamos falando outro dia sobre criar políticas progressistas de uma forma mais ampla. Para nós, é mais difícil articular o que é essa dimensão divergente da sexualidade libertadora entre homens e mulheres do que nomear o que não está funcionando nela. Nós podemos dizer que o colapso nervoso é uma consequência, mas não podemos apontar os momentos utópicos quando as pessoas realmente expandem seus horizontes.

**Stuart:** Isso tem sido mais difícil. As pessoas não tentaram apontar esses momentos, em parte, porque eles são mais parciais. Essa noção utópica foi construída no sentido de que as pessoas imaginaram que, no contexto de uma geração, as relações sexuais seriam profundamente reconstruídas, mas isso, é claro, não é possível. A sexualidade foi parcialmente reconstruída em alguns lugares para algumas pessoas e em alguns momentos, de modo que é tudo muito menos utópico, muito menos grandioso. E houve uma reação porque tantas forças em nossas sociedades que se opõem a essa tendência foram pegas de surpresa nos anos 60 e 70. Essas forças se chocaram totalmente com a liberdade que as mulheres conquistaram como consequência dessa mudança.

Essas forças levaram um tempo para se recobrar e recuperar o terreno, mas têm feito isso de forma bem efetiva. As perspectivas atuais veem mais o ideal utópico como uma defensiva do que as perspectivas dos anos 60 e 70.

**bell:** Eu me pergunto até que ponto isso se relaciona com o fato de que nós, que nos esforçamos para construir práticas sexuais fundamentalmente diferentes, não falamos sobre essas coisas. A relação na qual eu estive por quinze anos foi, em grande parte, não monogâmica, mas a verdade é que não falávamos sobre isso. Quando estabelecemos nosso compromisso com um estilo de vida não monogâmico, eu tinha dezenove anos, e nós estávamos no auge do êxtase da liberação sexual e da libertação das mulheres. Então nós podíamos falar sobre as coisas. Nos reuníamos em apartamentos e dormitórios, falando sem parar sobre essas questões de monogamia. Questionávamos se as mulheres poderiam de fato ser livres no patriarcado em um contexto monogâmico. Eu me lembro de que o consenso geral era de que as mulheres sempre perderiam no contexto da monogamia, e que, na verdade, uma das possibilidades mais libertadoras para as mulheres seria estarem abertas para uma relação comprometida, mas não monogâmica. Em algum ponto, lá pelos anos 80, não era mais legal falar sobre essas coisas. Então, nós podíamos continuar a tentar moldar nossa vida de forma que ela refletisse esses princípios e crenças, mas não havia mais um discurso público.

**Stuart:** Foi o que eu quis dizer sobre aquela animação utópica, sobre reconstruir o mundo da sexualidade dessa forma. Muitas pessoas se comprometeram a tentar fazer a diferença dentro de seu próprio círculo, na sua própria vida, nas suas próprias relações, mas concordo que isso não tenha se transferido para um diálogo mais público. Em parte, porque não é tão fácil quanto pensamos. Não é uma coisa tão livre de problemas como imaginamos.

**bell:** De forma alguma!

**Stuart:** Sim, e isso se conecta com o que você estava dizendo sobre uma noção inadequada de liberdade. As pessoas falam como se a liberdade delas tivesse sido retirada e que todos os problemas acabariam com essa liberdade irrestrita, mas não é assim que funciona. As pessoas estão mais conscientes de que agarrar a liberdade, seja como for, tem seus custos e consequências e todo tipo de contradições. Mas eu acho que você tem razão quando diz que as pessoas não falam disso de forma a transformar a questão em uma aspiração pública, em um discurso público do desejo. E isso é uma pena porque, na vida de muitas pessoas, as formas mais intrigantes e complicadas de negociar esse espaço já foram tentadas. Agora, quando eu digo "tentadas", não quero dizer que as pessoas conduziram esses experimentos em sua vida, em suas relações e casamentos. Não é o que eu quero dizer porque, provavelmente, essas coisas também não foram sequer discutidas dentro dessas relações e casamentos. De qualquer forma, tenho visto explorações. Como a questão do ciúme. O ciúme está no centro de qualquer discussão que trate de transformar a monogamia patriarcal fundada na legitimação do ciúme masculino, que é a emoção que acompanha a posse e o controle. Nós estamos falando de pessoas formadas em uma época na qual essa cultura nos moldava. Me intriga saber o que as pessoas fizeram com suas inimizades e ciúmes, de que forma falaram disso, como negociaram, se elas melhoraram quando abriram mão. Todos nós que tentamos lidar com isso guardamos experiências valiosas. Nem sempre conseguimos, mas aprendemos algumas lições no fim. Porém, a questão não está aberta para discussão em lugar nenhum.

**bell:** E o perigo de essa discussão não estar disponível é que nós só ouvimos a história de terror do nosso fracasso. Nós só ouvimos falar sobre as nossas tentativas falhas de ser não monogâmicos ou de remodelar nossas noções de família ou a forma como vivemos em família. Foi isso o que me fez pensar em escrever mais sobre a experiência desses momentos. Olhando para trás, eu não sinto que a falha caracteriza esses momentos, de forma alguma, o que nós temos é um incrível triunfo sobre o modo de vida dos nossos pais.

**Stuart:** Sim, concordo.

**bell:** No ambiente familiar em que eu cresci, o ciúme sexual era tão intimamente ligado à dominação patriarcal que saí desse ambiente comprometida com a noção, mesmo antes de ter uma consciência feminista, de que eu não queria pensar no desejo relacionado à posse. Eu sabia que não queria ser possuída e que não queria possuir ninguém. Isso estava tão enraizado em mim que, quando me deparei com essas ideias no pensamento feminista, eu senti que havia encontrado uma sanção política de...

**Stuart:** ... uma coisa da qual você já sabia, que já sabia a partir de uma outra experiência.

**bell:** Isso foi muito importante para mim.

**Stuart:** Eu não posso dizer o mesmo de mim. O ciúme sexual era muito poderoso na minha família, mas era um pouco amenizado pelo fato de meu pai não ser uma figura patriarcal muito forte. Minha mãe era a mulher fálica da vez, mas isso não significa que se dava menos importância à ausência da virgindade na sanção patriarcal. O problema para mim, antes de entender as dimensões de poder e a forma como essas dimensões de poder haviam distorcido tanto meu pai quanto a minha mãe, especialmente a minha mãe, ou a família toda, na verdade, e afetado a cultura sexual da família, antes de começar a entender isso, eu já tinha formado uma imagem alternativa, mas essa imagem alternativa era um encontro entre duas almas. Era monogâmica, mas não no mesmo sentido, porque não era patriarcal. Era lawrenciana*. Eu tinha lido *Mulheres apaixonadas*. Era o meu ideal de como poderia ser ter uma relação sexual com alguém por um tempo que fosse recompensadora para as duas pessoas e que evitaria os horrores que eu via acontecendo na minha própria família. Mas isso, na verdade, exigia a absorção da lua (mulher) pelo sol (homem). É um quadro bem lawrenciano. Lawrence é uma figura ambígua exatamente porque, embora seja patriarcal em um sentido, ele desenvolve uma linguagem da sexualidade e do desejo que as gerações anteriores não entendiam bem – seu poder, seu poder de atração. Essa experiência da virgindade é uma experiência muito intensa quando você tem seus vinte anos e está em busca da sua alma gêmea. Eu queria reencenar uma cena de *Mulheres apaixonadas* na minha vida. Só o feminismo tirou isso de mim. Só o feminismo me fez perceber que essa era apenas uma outra versão de relação. E era uma boa versão. Os dois supostamente deveriam aproveitar essa relação e obter muitas coisas dela. Não era nada ruim e

---

* Stuart Hall refere-se ao escritor D. H. Lawrence (Eastwood, Nottinghamshire, 1855 – Vence, Alpes-Marines, 1930). [N. do E.]

egoísta como aquela antiga forma patriarcal. Não era uma relação conduzida pelo poder, mas as linhas de subordinação do masculino para o feminino eram profundamente simbólicas. Essas linhas reinscreviam o patriarcado. Eu me vergonho em dizer que tenho algumas cartas antigas que expressam isso de uma forma muito comovente.

**bell:** Mas de que forma o feminismo contestou isso?

**Stuart:** O feminismo simplesmente me mostrou que essa forma de viver uma relação sexual com alguém é insustentável.

**bell:** Eu sinto que o feminismo contestou, não com um modelo diferente, mas com a noção de que esse encontro ocorreria dentro do indivíduo, e que nós deveríamos ser tanto masculinos quanto femininos dentro de nós mesmos. Essas duas polaridades ainda estão aí, mas nós podemos, como indivíduos, incorporá-las dentro de nós. O que contestou foi a androginia do indivíduo.

**Stuart:** Isso, é claro, foi muito importante, foi o próximo passo importante, mas não me ocorreu assim. Isso só me ocorreu assim como um resultado ou consequência de entender o que significava abrir mão daquele primeiro modelo, o que significava conservar o poder de uma relação emocional e sexual desvinculada de uma série de posicionamentos identitários fixos. Foi esse rompimento e a noção de que somos todos seres sexuais, e não apenas em um único molde, que mudaram o meu entendimento.

**bell:** Para minha geração foi a noção da androginia, porque, uma vez que você tivesse uma noção da androginia, isso abria o terreno da contestação e do cruzamento de gêneros\*, porque então você poderia fazer sexo com uma mulher, mas não necessariamente ser lésbica. Você só estava em contato com o princípio masculino dentro de você.

**Stuart:** É o que quero dizer quando digo que isso valoriza o desejo, mas recusa a noção de que o desejo é fixado na identidade. Desde então eu sempre resisti ao rótulo, esse inimigo morto. Não significa nada para mim e significa cada vez menos para mais pessoas que eu conheço. Conheço tanta gente que já teve experiências com homens e com mulheres.

**bell:** Recentemente, uma jovem britânica, branca, veio falar comigo e me contou que tinha acabado de se assumir na Marcha do Orgulho Gay, mas ela disse: "Desde então, eu venho transando com homens negros e estou tentando entender o que a minha lesbianidade significa. O que significa ter me assumido e então viver todas essas experiências."

**Stuart:** Bem, a única forma de não entender isso é se perguntando "quem sou eu?"

**bell:** Mas isso nos remete às limitações dessas categorias em sistemas de significado e, de alguma forma, o gesto de reivindicar a lesbianidade é um gesto de reivindicar uma

---

\* No original (p. 75), *the terrain of gender-bending and crossing*. *Gender-bender* (literalmente, "além-gênero") é um termo que se refere a um indivíduo que contesta ou subverte o gênero, podendo ser uma pessoa fisicamente andrógina ou não. *Crossing* se refere a um cruzamento ou atravessamento de gêneros, como em *cross-dressing*, por exemplo. Aqui seguiu-se a forma verbal escolhida pela hooks. Não foi citada a identidade *bender* ou *cross*, mas utilizada "contestação" e "cruzamento" [N. do T.].

agência sexual. Então, uma vez que ela a reivindicou mais plenamente, ela pôde expandir essa agência.

**Stuart:** Então, ela pôde transitar em lugares diferentes.

**bell:** Quando você não está tentando investir em algo que fecha você, quando você se abre, ocorre um efeito dominó. Muitas pessoas que se abriram na esfera dos direitos gays fizeram isso. Elas se assumiram com essa reivindicação feroz por uma identidade, mas então, uma vez reivindicada, elas descobriram que a própria identidade não era tão fechada quanto a reivindicação sugeria.

**Stuart:** Esse é um ponto muito importante sobre as chamadas políticas identitárias. Muitas vezes os movimentos sociais só podem avançar, por assim dizer, construindo uma identidade aparentemente unificada, aparentemente essencializada, aparentemente homogênea em nome da qual as reivindicações precisam ser feitas porque essa é a única forma como uma luta pode ser conduzida. Mas dentro dessa luta você ocupa um espaço ficcional porque o verdadeiro espaço onde a identidade se torna um lugar de agência, desejo e ação é muito mais diverso, muito mais fracionado do que a identidade poderia sugerir. Eu não acho que precisamos boicotar as políticas de reivindicação. É melhor repensar a natureza da identidade ou da identificação que está sendo reivindicada.

**bell:** Eu sinto que as pessoas quiseram, de alguma forma, valorizar um certo tipo de política identitária como algo essencial para a criação de uma perspectiva a partir da qual lutar, mas nós também estamos sendo convocados de forma profética a imaginar outras perspectivas de luta. Imaginar o que significaria se comprometer com a justiça e com o fim da dominação de uma perspectiva que não tenha que se definir como um posicionamento fixo me parece ser uma falha deste momento em particular. Ninguém precisa sair dizendo: "Eu sou gay e é por isso que eu apoio os direitos homossexuais." Essa é uma esfera de inarticulação política. Minha mãe me ligou uns meses atrás para dizer que ela tinha lido em algum jornal que eu era lésbica. Ela disse: "Por que você deixa as pessoas falarem o que querem de você?" E tentei explicar para ela que isso não importava realmente porque eu via com clareza a natureza do meu desejo e o que eu queria fazer com a minha sexualidade. Disse para ela que eu não podia sair correndo até o jornal e dizer: "Eu não sou lésbica", que eu não reafirmaria a noção de que a pior coisa no mundo que você poderia ser é lésbica. Eu disse para ela: "Minha irmã é lésbica, mãe. Essa não é a pior coisa no mundo que alguém pode ser. Não é uma coisa negativa, de forma alguma. Então eu não posso nem começar a falar sobre isso da forma como você queria que eu falasse." Então mais uma vez me dei conta da falta de terminologia para definir onde eu me encontrava, por que, simbolicamente, por não me posicionar publicamente a favor da heterossexualidade, logo fui percebida como lésbica.

**Stuart:** Isso acontece pela forma como a relação entre identidade e movimento político é articulada no discurso público. Presume-se que cada movimento social conota uma identidade que é, por si mesma, fixa e assegurada, de forma que, se você não está neste campo, você deve estar naquele campo. O problema político, o motivo pelo qual as pessoas não articulam isso de forma mais clara, tem a ver com as pessoas, em certo sentido, aceitando silenciosamente isso de si mesmas, e, portanto, pensando que qualquer pessoa que não se declara como pertencente a um ou outro lado está necessariamente com medo ou não quer se pôr em risco. É um mal-entendido fundamental e se relaciona à forma como as identidades individuais são inscritas na luta para valorizar uma posição social particular. No interior da luta pelos direitos gays há pessoas que passaram a vida inteira valorizando uma identidade gay, enquanto outras nunca vivenciaram uma relação gay, e ambas essas posições podem potencialmente ser inscritas nessa coisa que chamamos de identidade política localizada de pessoas associadas aos movimentos por uma maior liberdade sexual.

**bell:** Em *Teoria feminista: da margem ao centro*, uma das ideias que tentei formular e que não foi captada foi a ideia de que nós precisávamos nos afastar dessa noção de estilo de vida e identidade. Que precisávamos falar sobre a escolha de compromissos políticos, porque só aí, nessa esfera, nós poderíamos de fato não apenas transcender as limitações das categorias, mas abraçar a realidade da mutabilidade de nossas vidas. Pois, de fato, nós estamos sempre mudando, muitos de nós mudam seus hábitos e padrões sexuais muitas vezes no curso de uma vida. E a única forma de nos afastarmos da exigência de permanecermos fixos e localizados em modos imutáveis seria rejeitando as categorias. Mas essa foi a ideia menos aceita, a ideia de que o feminismo não seria um estilo de vida ou uma identidade.

**Stuart:** Isso não me surpreende. Você já falou que um dos motivos pelos quais as pessoas não se afastam dessa noção de estilo de vida e identidade é porque isso leva muito tempo, demanda muito processamento e muitas conversas, principalmente no começo, tentar entender qual é a diferença e como viver essa diferença. Esse é um motivo. O outro motivo é que, em retrospecto, isso pode parecer ter mais sentido do que antes. Isso nem sempre é vivido como um projeto consciente. Nós seguimos adiante e tropeçamos enquanto percebemos que um modo de vida não funciona mais. E você muda para um outro modo. Isso causa todo tipo de ruptura. A coisa não funciona, mas você insiste e começa a funcionar. Então não é algo que você possa encaixar em uma narrativa interconectada.

**bell:** Em nossa primeira conversa nós falamos sobre como você sentia que havia deixado a sua geração para trás de certas formas, e é aí que eu sinto que muitas pessoas que conheci no movimento feminista no fim dos anos 60, começo dos 70, tentaram de verdade remodelar suas vidas e as nossas vidas, embora muitas dessas pessoas estejam agora comprometidas com um modelo familiar nuclear, heterossexual e urbano. Eu fico me perguntando o que aconteceu.

**Stuart:** Eu acho que esse não foi o caso com os meus amigos mais próximos, não de modo geral. Eu sei de alguns casos em que isso aconteceu, e sei de um ou dois casos em que pessoas mais jovens entraram em uma relação heterossexual monogâmica longa e estável que acabou se mostrando mais convencional do que eu havia previsto. A maioria das pessoas que conheço negociou formas muito complicadas, muito mutáveis de viver seu desejo, mas elas não falam sobre o assunto como se fosse algo mais generalizado de alguma forma.

**bell:** Por que você acha que isso acontece? Eu acho que é precisamente esse silêncio que reafirma os paradigmas culturais heterossexistas. Como eu estava dizendo antes, o que mais ouço falar é sobre a falha das nossas tentativas de ter qualquer modo alternativo de se relacionar. E aqueles de nós que sentem que encontraram modos alternativos de se relacionar e que continuam a funcionar bem em nossas vidas não encontram validação. Por exemplo: estive em uma relação com uma pessoa comprometida e disse para as pessoas que eu não estava necessariamente interessada que ele terminasse essa relação. Que eu me interessaria por uma situação em que nós três criaríamos um modo de vida positivo para todas as partes. Noventa por cento das pessoas, principalmente aquelas da minha própria geração, disseram: "Que ridículo. Por que alguém ia querer isso?" Então o que eu vejo é um momento histórico completamente diferente. As pessoas da sua geração de quem você estava falando eram muito mais comprometidas com a ação política tanto na esfera pública quanto na privada do que a minha geração de pessoas que estão entre os trinta e os quarenta e que, de certa forma, sempre foram indecisas em relação à esfera do ativismo político. É por isso que elas têm cedido o terreno tão facilmente.

**Stuart:** E nós também fomos formados em uma relação mais tradicional entre o público e o privado, então, embora possamos expandir esses limites, nós não necessariamente temos uma linguagem que seja capaz de cruzar facilmente essas fronteiras para nos comunicarmos. Esse é um motivo. O outro motivo é que, na sua experiência, esses modos de vida podem ser mais imediatamente e obviamente bem-sucedidos do que no meu caso. São modos difíceis, com custos muito altos. Viver contra um padrão enraizado é muito difícil. E produz infelicidade mesmo entre as pessoas que se dedicam a essa tarefa. Há muita dor. As pessoas falam sobre isso na terapia. As pessoas falam sobre isso entre elas mesmas. E faz parte da conversa que é tanto política quanto pessoal entre amigos muito próximos, mas é uma conversa que não transgride para o domínio público. Essa conversa não é levada para esse espaço. E tem um problema nisso. O que pode ser articulado como um modelo não cruza facilmente o domínio para o domínio público. E um outro motivo é que alguns acordos, e são sempre acordos, não podem necessariamente ser generalizados como casos que podem significar problemas muito maiores.

**bell:** Uma intervenção útil nos paradigmas heterossexistas é dizer que o que de fato nós temos que visualizar são narrativas múltiplas, modelos múltiplos, que a velha noção de que só podemos ter um conceito, sendo esse conceito libertador ou não, não é suficiente.

**Stuart:** Isso é o mais importante, uma pluralização, uma aceitação da multiplicidade, da diversidade, da mudança de um momento para o outro, e especialmente de necessidades múltiplas. E nós nos implicamos um pouco nisso quando falamos do desejo no singular, porque felizmente o desejo não vem em uma embalagem só. Nós sentimos desejo por várias coisas, e aqui eu não estou só falando sexualmente. O desejo não é sempre sexual, embora você possa encontrar uma variedade de relações sexuais tocadas por esse desejo.

**bell:** Muitas dessas relações têm se mostrado turbulentas, incluindo a minha, e acabam nos levando direto para a terapia. O ponto é que, quando se trata de uma satisfação geral com a vida, eu sinto que estamos entre as pessoas que ao menos sentiriam que estão tentando viver uma certa visão.

**Stuart:** Concordo.

**bell:** E nós precisamos equilibrar o fato de que, sim, há sacrifícios, há dor. Quando há uma maior vigilância e consciência críticas, se você está processando as coisas, é mais provável você sentir mais incômodo e mais desconforto, pois você está enfrentando uma contradição, e é por isso que eu acho que o paradigma heterossexista tradicional de um casal, quando falamos de um casal gay ou hétero, tanto faz, mas de um casal que vive de determinada forma, com tranquilidade e sem problemas, continua a ter um apelo muito mais romântico. Em seu sentido mais revolucionário o feminismo nos mostrou: "Nós queremos um paradigma da mutualidade, da autonomia mútua e da união." Então, por onde começamos? Nós não podemos ter isso sem enfrentar enormes contradições e sem esforço, a não ser que você aceite aquele modelo de perfeita harmonia que, de muitas formas, seria mais fácil.

**Stuart:** E não é só a harmonia perfeita, mas também a noção de que, como eu estava falando antes sobre a pluralidade do desejo, a multiplicidade de desejos que uma pessoa sente por coisas diferentes ao mesmo tempo poderia ser alimentada e satisfeita da mesma forma por apenas uma relação. Eu não sei como esse mito se sustentou por tanto tempo, porque sei que é um mito. O paradigma heterossexual é sustentado apenas com base em um mito fantástico que, na verdade, sempre foi negado por razões muito boas. Mas também há essa condensação de tudo em uma área só, o desejo por amizades, o desejo de mutualidade, o desejo por interesses e projetos em comum, o compartilhamento das experiências de vida de alguém conforme essa vida muda ao lado de um outro alguém com quem se convive constantemente e com quem se fala sobre isso, e os acordos que essa pessoa fez para garantir que há outras áreas da sua vida das quais a amizade vai tratar e com as quais uma relação sexual não pode lidar. Tudo isso nos leva além da noção de uma única relação heterossexual que poderia se enquadrar, se envolver e se fechar de uma forma centralizadora.

**bell:** Dentro do contexto de uma luta predominantemente branca pelo movimento feminista, esse foi um dos terrenos culturais onde se debateu e trabalhou muito esse assunto. Enquanto as mulheres negras, no geral, recebiam uma mensagem bem diferente, de que, na luta pela libertação negra, nós não poderíamos, na época, nos dar ao luxo de repensar as relações de gênero. Nós tínhamos de nos fortalecer reafirmando o *status quo*. É por isso que eu e Audre Lorde temos sido tão marginais e posicionadas com tanta incerteza por pensadores negros que ainda mantêm lealdade ao patriarcado. Eu sinto que tem havido tão pouco esforço em termos de teorizar a vida negra, na Grã-Bretanha ou nos Estados Unidos, de olhar para as nossas relações sociais. Eu tenho muita dificuldade de convencer as pessoas de que deve haver uma política progressista de gênero se quisermos um dia conquistar uma política de libertação negra bem-sucedida. Nós ainda não conseguimos comunicar esse ponto. Não, no presente momento histórico, nós temos modelos muito mais convencionais de heterossexualidade negra sendo apresentados como um sinal de nossa integridade, como um sinal redentor que, então, serve para reprimir e silenciar aqueles de nós que de fato estamos tentando criar novos modelos de formas de ser, de viver interiormente. Essa é uma arena política que ainda precisa ser confrontada no interior do discurso racial e de suas políticas, mas as pessoas relutam em confrontar. Eu gostaria de nos levar para a esfera do amor e do desejo inter-racial. Penso em tantas pessoas que estão na linha de frente, resistindo a certas barreiras, e volto a pensar em Marlon Riggs ou em alguém como Bill T. Jones*, que, por não trabalhar apenas com a linguagem, tendo uma grande presença no corpo, tem se mostrado muito mais aberto do que muitos outros homens gays de qualquer raça, reconhecendo abertamente que ele teve um relacionamento longo com uma mulher com quem teve uma criança, vivendo ao mesmo tempo sua relação amorosa inter-racial de muitos anos. Parece que nós não temos muito espaço para falar sobre isso ou sobre o que isso significa. É quase como se fosse um tabu falar de pessoas negras dentro de relações negras. Por um lado, muitas pessoas brancas agem como se tivéssemos deixado isso para trás, já que o separatismo não está na ordem do dia. Esse é um outro problema de linguagem, mas eu vejo a necessidade de homens negros e mulheres negras forjarem, juntos, novos diálogos sobre desejo e sexualidade, e sobre a prática de viver juntos no espaço doméstico.

**Stuart:** Tudo isso é um apelo para todos os tipos de confissões políticas, que é um assunto sobre o qual você começou a falar. Eu questiono sua eficácia política. Esse é um dos problemas nos quais precisamos pensar. Às vezes me parece que as pessoas falam sobre a própria vida como uma série de superações bem-sucedidas de barreiras que ninguém mais conseguiu vencer. Há algumas limitações nesses compromissos, e com certeza não são só negativas. Também há reservas que são geracionais.

---

\* Bill T. Jones (Flórida, 1952), autor, dançarino e coreógrafo. [N. do T.]

**bell:** É importante falar sobre isso porque eu tenho lutado muito com coisas que vivenciei com os meus pais, coisas que não me interessam mais, de certa forma, que já perdoei há muito tempo, mas ainda sinto que essas coisas significam algo para o discurso público. Esse discurso fere profundamente minha mãe e meu pai.

**Stuart:** Era o que eu pensava sobre a minha própria família e sobre pessoas íntimas da minha família. Faz tempo que venho refletindo sobre coisas a respeito das quais não me senti capaz de escrever ou de escrever para falar, ou de falar a respeito publicamente. Isso leva muito tempo, e esse tempo longo não significa que eu poderia ter chegado nessas coisas mais cedo, só que levei muito tempo para falar sobre elas. Tem a ver com o fato de que o tempo confere alguma distância, o fato de que algumas dessas pessoas já morreram. Eu não gostaria de ferir e machucar essas pessoas. Eu vejo isso em relação à minha irmã, que ainda está viva, mas é improvável que ela leia qualquer coisa que eu escreva sobre nós. Só agora me sinto capaz de falar sobre nossas vidas ou sobre o que me levou a compreender a importância daquela experiência no sentido de que eu tinha dezessete anos quando tudo aconteceu. Nada é novo para mim. O que é novo é me sentir livre para falar sobre o assunto. Essa reticência é, portanto, aberta à crítica. É uma reticência que, enquanto narrativa, sempre invade a vida de outra pessoa, embora, tecnicamente, você não queira perguntar: "Eu vou escrever sobre a gente. Tudo bem?", não necessariamente dando às pessoas essa espécie de veto consciente. Mas parece certo ter uma noção das coisas que outras pessoas não gostariam que fossem ditas sobre coisas da nossa vida que afetam outras pessoas. As pessoas deviam poder dizer algo sobre o que escrevemos.

**bell:** Recentemente descobri, em um debate público, que eu estava tentando falar sobre o lugar da classe. Eu estava dizendo que via uma grande diferença entre mim mesma e muitas das minhas pares feministas brancas que vêm de origens sociais privilegiadas e que, pela psicanálise e pela psicoterapia, tinham algo em sua vida que valorizava as conversas fora da família sobre assuntos familiares íntimos. Eu estava dizendo que, como uma pessoa da classe trabalhadora, e percebo que isso costuma atravessar a questão racial, eu não via uma valorização de conversas sobre assuntos familiares fora do ambiente familiar. Não havia nada. O que eu vi nos Estados Unidos foi que o público para o qual eu estava falando rejeitou veementemente a ideia de que a classe tinha algo a ver com isso. Então, acredito que tantas feministas brancas estadunidenses de origens privilegiadas puderam empregar o tom confessional de uma forma catalisadora para o aumento de uma consciência política precisamente porque muitas delas tinham uma longa tradição, na terapia, de utilizar o confessional como um ponto de transformação, enquanto não havia precedentes na vida da nossa família de alguém que falasse publicamente sobre assuntos familiares fora de casa. A diferença também está no fato de que, no caso de amigos meus de classe média ou alta que falaram, isso pode ter incomodado os pais deles, mas eles podiam discutir o assunto e seguir em frente. Na minha família, eu sentia que seria totalmente condenada ao ostracismo se fizesse isso. Eu sentia que havia um preço considerável a pagar que eu não sabia se estava disposta a pagar e que me assusta. Eu temo um mundo em que a minha mãe e meu pai poderiam ficar tão bravos que parariam de falar comigo. Me entristece a forma como o discurso público que eu fiz, como no filme de Marlon Riggs, *Black Is... Black Ain't* [Preto é... preto não é], realmente me afastou deles, e ainda que, ao seu próprio modo, eles tenham me "perdoado", isso não significa que esse afastamento não esteja mais ali, que um laço não foi quebrado, que o perdão não venha acompanhado de reparação.

**Stuart:** É muito importante notar a forma como a linguagem terapêutica e psicanalítica tem proporcionado um caminho para que muitas feministas falem sobre o pessoal sem correr todos os riscos de falar de uma forma mais diretamente documental ou empírica. Tem sido um código aceitável explorar o nível do pessoal, do emocional e do psíquico sem, talvez, implicar da mesma forma que a narrativa empírica afeta outras pessoas no cenário como um todo. Não é só uma questão de ser ostracizado, de nunca ser perdoado por ter quebrado esses laços, é também uma questão da dor que isso causa. De certa forma, nós aprendemos essas lições políticas sem, de fato, tratar a vida de outras pessoas como base de uma dedução política. Você pode usar a sua própria vida assim. Eu não me importo com confissões que falam sobre mim. Elas não me preocupam, mas poucas confissões que importam podem ser limitadas à própria pessoa. Tem tudo a ver com relações, então nós presumimos algo sobre uma outra pessoa. Nós presumimos algo sobre a vida de outras pessoas. Nós dizemos para as pessoas coisas que agora vemos como o resultado da vida que elas viveram e que elas podem não querer entender nunca. Com certeza esse é o meu caso. Eu venho escrevendo sobre a minha irmã, então você vai entender o contexto, mas eu presenciei minha irmã passando por uma experiência terrível. Eu tinha dezessete anos, ela era minha irmã mais velha. Eu presenciei essa crise familiar que a adoeceu. Eu sabia por que ela estava doente, e era por causa daquela família naquela cultura e no interior daquela colônia. Eu sabia que ela estava doente de colonialismo. Ela estava doente por causa do colonialismo, por causa da forma como nós vivemos essa estrutura maior no interior de nossas mentes. Eu sabia disso. Eu conseguia ver tudo acontecendo. E isso aconteceu, em parte, porque eu queria ser analista e tinha lido os livros que explicavam por que ela lavava as mãos quarenta vezes por dia. Eu li aquelas coisas sobre culpa e entendi onde a culpa estava sendo produzida. Onde a culpa poderia estar sendo produzida naquela família que havia posto minha irmã dentro de uma caixa. O único lugar para onde minha irmã podia ir era até o banheiro, onde ela, então, podia se lavar para se libertar do quê? Deus sabe. Ela nunca teve nenhuma relação com nenhum outro homem. Aos dezessete anos eu entendia isso, e isso transformou a minha vida, me tornou uma pessoa totalmente diferente. Eu percebi a) "Você precisa sair dessa porque você não pode lidar com isso"; e b) "Você não pode mais voltar porque tem um lugar perto dela, na cama ao lado, esperando por você".

**bell:** Então essa é a crítica íntima e empírica da repressão na sua vida.

**Stuart:** O ponto é como você escreve sobre isso quando ela está tentando juntar os cacos da vida dela. Outra coisa que eu ia dizer é que hoje nós não somos tão próximos – nem fomos nos últimos trinta anos – porque ela se recusa a ver que foi isso o que a adoeceu. A última coisa que consegui fazer foi pôr no papel que foi isso o que adoeceu minha irmã. E isso seria repudiar a única coisa que a mantém firme, que é a ideia de que ela teve uma vida maravilhosa e infelizmente sofreu um colapso nervoso do qual nunca se recuperou totalmente. Isso me fez criticar e entender profundamente minha família e a vida que estávamos levando, mas ela só conseguiu seguir em frente costurando tudo isso em uma espécie de mito de como essa vida era. Nós não conseguimos compartilhar, e ainda não conseguimos, nossas impressões sobre o que aconteceu. Até agora, eu não conseguia escrever sobre isso. Agora me sinto suficientemente distante. Mas não me senti liberado da obrigação de não escrever sobre isso porque ela não escreveria sobre o assunto da mesma forma.

**bell:** É exatamente como eu vejo toda a situação das pessoas negras na diáspora. Que a nossa crise é tanto uma crise de saúde mental quanto uma crise econômica. Há muitas maneiras pelas quais a liderança patriarcal a nível global, em particular, quando o assunto é raça e negritude, está sempre mais disposta a reconhecer uma crise econômica, a pobreza, e até uma crise de masculinidade, mas não uma crise mental que de fato remete ao trabalho de Frantz Fanon, por exemplo. Por que não assumimos esse trabalho? Por que não há centenas e centenas de psicoterapeutas e psicanalistas negros, a nível global, acumulando um mundo inteiro de conhecimento que poderia nos capacitar e empoderar? Precisamente porque, diante dessa crise, nós estabelecemos mitos românticos e empoderadores sobre nossas vidas, sobre a negritude. Para mim, é isso o que o afrocentrismo é em sua forma mais crua. É um mito empoderador, romântico e utópico que encanta tanta gente porque afasta as pessoas do reconhecimento do estado da nossa ferida, da nossa ferida coletiva.

**Stuart:** Esse sempre foi o nível mais difícil no qual tratar da experiência negra, e também explica por que as pessoas não param de ler Fanon. É um nível no qual ele, por um ou outro motivo, conseguiu adentrar profundamente de uma forma que poucas pessoas, mesmo agora, conseguem fazer.

**bell:** Não é que as pessoas não adentraram esse nível, mas elas não quiseram investigá-lo. Muitas pessoas quiseram fechar essas portas. Na verdade, nós temos não Fanon, mas o tipo de interpretação crua de Grier* e Cobbs** em *Black Rage* [Ira negra], que se torna uma versão corrompida de Fanon, e uma versão que não empodera de forma alguma.

**Stuart:** Não empodera mesmo.

**bell:** Não empodera porque o mito da resistência e da resiliência não nos permite examinar essa ferida.

**Stuart:** Concordo. Os relatos tendem a realçar a capacidade de resistir, e nós sabemos por que a ênfase vinha sendo posta nesses primeiros relatos. É muito difícil alinhar todas essas coisas, incluir a noção da imagem patológica de toda a experiência negra, de um lado, e, de outro, estimar o custo. Eu sempre achei bizarro me deparar com essa parcialidade, porque as pessoas na diáspora nunca conseguiram viver sem custos. Se ninguém se desorganizasse, não haveria pessoas mentalmente doentes, ninguém infeliz, nenhuma família separada. Houve custos psíquicos, sociais, pessoais e assim por diante. Penso que temos que levar a sério essa dimensão, além de incentivar as pessoas a resistir. E você tem razão quando diz que essa dimensionalidade em particular está ligada ao afrocentrismo.

---

\*   William H. Grier (Alabama, 1926 – Califórnia, 2015), psiquiatra. [N. do T.]

\*\*  Price M. Cobbs (Califórnia, 1928 – Filadélfia, 2018), psiquiatra e liderança pelos direitos civis. [N. do T.]

**bell:** É por isso, em parte, que me desafiei a tentar usar o autobiográfico como um confessionário de uma forma politicamente empoderadora. O problema é saber o momento em que podemos dizer o indizível, quando o indizível não precisa ser velado como na bela ficção de Toni Morrison, quando podemos de fato dizer: "Foi isso o que aconteceu, e esse foi o impacto que causou em nós." Uma jovem branca estava me descrevendo sua experiência de morar em Brixton, e ela disse: "Eu sou abordada por uns quatro ou cinco homens negros todos os dias." Ela descreveu os tipos de encontros que tem com esses homens, e a forma como esses encontros se transformaram de um tipo de afirmação para um estado de ira contra a branquitude. Então existe esse desejo pela branquitude. E existe uma ira em direção à branquitude. Mas tantas coisas se evidenciam nesse encontro, e nós não estamos sequer falando sobre isso. Nós agimos como se os problemas do cruzamento das fronteiras inter-raciais estivessem resolvidos, ou como se fossem questões individuais. Nós não reconhecemos que esse é um campo de jogo onde certos tipos de patologias não resolvidas se manifestam de maneiras complicadas. Tem sido difícil. Foi muito difícil para mim escrever sobre a minha irmã, que é lésbica, dizendo que ela só teve parceiras brancas. Em minha análise psicanalítica superficial da situação dela, senti que isso se ligava, em parte, ao seu desejo de não se tornar nossa mãe, de não se tornar a mulher negra matriarcal e dominadora. De alguma forma, o cruzamento da fronteira racial foi percebido como um lugar de resgate para ela.

**Stuart:** Aposto que ela não gostou de ouvir sua análise.

**bell:** Não, ela recebeu bem a minha análise. Ela é terapeuta. Ela disse que doeu ler isso em um livro, embora eu tenha dito a ela antes, mas, ao mesmo tempo, ela sentiu que nós deveríamos falar sobre essas coisas. Minha irmã levou um bom tempo para ela mesma fazer terapia e explorar um tipo de repulsa que ela sentia por outras mulheres negras, que não eram seu objeto de desejo, que a perturbavam. Mas nossos pais e nossos outros irmãos ficaram furiosos quando leram. E no meu caso, e o meu caso me intriga tanto por causa dos diferentes poderes de classe, um dos motivos que sempre me fizeram sentir que eu tenho que me sujeitar à crítica é porque tenho o poder de classe de escrever sobre a vida da minha família, e eles não têm espaço de responder ao que eu digo sobre eles e sobre suas vidas.

**Stuart:** Exatamente, e isso nos remete ao que eu estava dizendo sobre a responsabilidade que assumimos quando usamos a vida de outras pessoas como parte de uma narrativa empregada em nosso próprio autoconhecimento.

**bell:** E é interessante como, quando alguém como Michelle Wallace* escreve sobre a vida de Faith Ringgold**, Faith Ringgold tem um mesmo domínio de poder, então ela pode responder falando sobre a vida de Michelle Wallace. Entre mãe e filha, há uma reivindicação compartilhada da linguagem e do discurso público, mas minha família não tem nenhum discurso público.

**Stuart:** Mesmo em relação a figuras contemporâneas, nem todo mundo tem acesso a um discurso público dessa forma, e isso representa uma quebra, e eu não estou justificando

---

\*   Michelle Wallace (Nova York, 1952), escritora feminista negra, filha de Faith Ringgold. [N. do T.]
\*\*  Faith Ringgold (Nova York, 1930), artista e escritora. [N. do T.]

isso de uma forma ou de outra, na nossa capacidade de levar a público essa experiência de uma área perigosa e afluente. Eu estou concordando com você que enquanto não criarmos essa conexão entre o público e o privado da qual falamos antes, quando estávamos falando sobre identidade, essa conexão nunca acontecerá até o público e o privado entrarem no mesmo domínio. É uma área complicada e pede muita coragem. E digo isso ouvindo você falar em público, e já ouvi você falar em público dessa forma muitas vezes. Às vezes o público percebe isso, às vezes não. É como andar em uma corda bamba, se colocar em risco por um projeto político. Poucas pessoas estão dispostas a fazer isso.

**bell:** E nem eu quero seguir fazendo isso.

**Stuart:** Mas você está escrevendo sua autobiografia, então você vai fazer muito mais disso, e não menos.

**bell:** É interessante que eu me sentia livre para falar quando eu costumava palestrar mais porque não ficava nenhum rastro.

**Stuart:** ... em comparação à escrita.

**bell:** Sim, quando eu falava em uma palestra que não estava sendo gravada, eu me sentia mais confortável usando exemplos empíricos, mas, quando se tratava de escrever sobre isso, era difícil.

**Stuart:** Sim, quando escrevemos, nós perdemos o controle. Qualquer pessoa pode usar o que escrevemos, e lá vamos nós. Está tudo ali. Nada pode ser retirado ou modificado. Concordo que seja muito mais difícil. Eu vivi o mesmo ciclo, não exatamente da mesma forma, mas no sentido de que lancei mão dessas experiências em falas, em falas públicas, muito antes de escrever. Só agora eu sou realmente capaz de escrever sobre essas experiências.

**bell:** É possível que mais homens tenham se comprometido com o feminismo, e com a transformação feminista, justamente por sempre ter existido essa dimensão terapêutica na luta feminista. Por exemplo, quando meu ex e eu não conseguíamos resolver nossas questões em nossa esfera doméstica, nós procuramos a psicoterapia como um lugar, e sempre procurávamos a psicanálise como um lugar de iluminação. Mas, quando discutimos raça ou quando as inquietações de alguém são racializadas, não há essa procura imediata por um modelo psicanalítico. Na verdade, eu diria que, entre muitas pessoas negras, há uma total resistência à busca por um modelo psicanalítico.

**Stuart:** É diferente, e o feminismo fez essa transição com muito mais facilidade que as políticas em torno das questões raciais. O feminismo forneceu certas linguagens que permitem isso, o que é muito importante. Mas eu devo dizer por mim mesmo, e acho que isso é um dado geracional, que eu não penso que a busca por uma linguagem psicanalítica, quando usamos essa linguagem como uma espécie de código para falar sobre as coisas ou explorar essas questões, funcione bem. Eu não posso dizer que acho fácil falar sobre essas questões de uma forma terapêutica. Com certeza essa é uma das instâncias na qual minha cultura pessoal não foi suficientemente feminilizada. Catherine muito provavelmente diria que eu nunca quero falar sobre as coisas, que sempre fico desconfiado de falar abertamente sobre as coisas. Ela me veria, com razão, não por princípio, mas na prática, mais hesitante em usar a linguagem para falar sobre as coisas abertamente. Eu tenho um tipo de resistência antiga e conservadora de falar sobre as coisas, de discutir as coisas e vencer essa resistência.

**bell:** Mas, no fim das contas, você ainda terá que agir. Uma das coisas que podemos concluir aqui é que sempre há uma limitação no confessional, que é inútil confessar sem nos direcionarmos para uma ação, da mesma forma que eu acredito que, se alguém tem alguma prática esclarecedora, esse alguém pode...

**Stuart:** ... pode nunca refletir essa prática.

**bell:** Isso mesmo. Se alguém muda uma ação com uma ação sem passar por um processo de reflexão crítica, então essa pessoa é mudada pelo momento de tentativa.

**Stuart:** A ideia não é enfraquecer o teor do argumento até aqui, mas o discurso público enfraquece porque essas fronteiras são mais difíceis de cruzar, e essa área de experiência não é discutida, e, portanto, não integra o discurso político. Como consequência, certos aspectos do problema como um todo nunca aparecem como algo com que os movimentos de justiça social ou libertação social devam se preocupar.

**bell:** E a alegria que essas resoluções ou essas elaborações podem trazer nunca se torna um aspecto possibilitador em nossas vidas. Eu venho pensando na questão da depressão e na falha que encontramos em todas as diferentes formas de autodeterminação negra ou intervenção crítica, de maneira que as pessoas têm um sentimento de derrota, não um desejo de pôr um fim no racismo, mas em relação à solidariedade entre as pessoas negras na diáspora.

**Stuart:** Eu não tinha pensado nisso assim, mas acho que, de alguma forma, eu ficaria surpreso se as coisas não fossem desse jeito. O alcance da derrota é substancial, e isso se liga à criação de um sentimento de estar chegando ao fim de uma fase de atividade ou interesse. As pessoas sentem que, talvez, nós devêssemos criar outra coisa. E isso costuma coincidir com certas mudanças geracionais ou fases da vida e acaba interseccionando com certas transições importantes. A maioria das pessoas de quem estamos falando era muito politizada por volta dos anos 60. Pense no lugar onde elas estão agora, com seus quarenta, cinquenta anos. Essa costuma ser uma fase difícil de transição, para os homens e também para as mulheres, mas particularmente para os homens. Eles se encontram na intersecção do dilema geral de terem tentado uma coisa politicamente – toda a trajetória do movimento pelos direitos civis e tudo o que esse movimento representou – e estarem vendo a desintegração e o fim dessa fase de movimento político, e pensando muito em suas próprias vidas como paralelas a essa fase – o otimismo, a esperança e a espontaneidade dos primeiros anos, as dificuldades da luta, as solidariedades construídas nos momentos difíceis. Quando há um sentimento de fim ou de transição de uma luta que coincide com um sentimento de transição da nossa própria vida, isso cria um clima depressivo e um *ethos* muito pessoal. E aqui nós temos um recuo, um recuo do público, um recuo para a família, um recuo para o interior de ansiedades privadas e medos públicos, uma baixa nas expectativas que leva a uma perda de energia, de energia política, mas também de energia emocional.

**bell:** Por isso Catherine pôde fazer aquela piada: "Para o divã, para o divã", um comentário espirituoso sobre a nossa grande obsessão pelo pessoal. Essa piada parece cair bem agora que precisamos dessa entrada terapêutica do divã para nos unirmos ao político.

**Stuart:** Sim, isso é verdade, tenho certeza, e pode ter sido que o período anterior, embora muito desperto para questões subjetivas, tenha evitado certos dilemas subjetivos e emocionais que, de certa forma, se desenrolaram no teatro público da política e muitas dessas questões nunca foram tratadas no nível pessoal. Agora essas questões voltaram para nos assombrar e perturbar em uma época na qual as pessoas não são otimistas diante da situação geral, quer dizer, sem um bom momento para confrontar essas questões no nível subjetivo, é impossível pensar em migrar para algo novo, começar algo novo com qualquer tipo de esperança e otimismo mais duradouros.

**bell:** Há pouca coisa escrita sobre pessoas negras e depressão. Nós, na diáspora, costumamos habitar essa ficção de que não somos vítimas de uma depressão incapacitante em nossas vidas, que de alguma forma nós, escurinhos* felizes ao redor do mundo, transcendemos. É uma ficção muito perigosa, pois nos deixa sem os meios apropriados para lidar com esse sentimento de derrota, de desesperança, que Cornel West costuma chamar de niilismo. O que Cornel costuma descrever como niilismo é depressão.

**Stuart:** Depressão e desesperança combinadas.

**bell:** Sim.

---

\* No original, *darkies*, termo inglês datado e pejorativo utilizado em referência às pessoas negras que, aqui, bell emprega com uma carga irônica. [N. do T.]

**Stuart:** É interessante você dizer isso porque uma das queixas recorrentes sobre o racismo é que o racismo tentou, de uma forma curiosa, ou conseguiu roubar a riqueza da vida subjetiva das pessoas negras. Nós somos sobredeterminados pela raça, pelo racismo e por outras coisas. Há muitos projetos importantes no mundo que lidam com isso.

Nós não temos espaço para dar uma atenção real para as complexidades, intimidades, profundidades e para o problema sério de unir os domínios externos e internos em uma espécie de alinhamento, de forma que houve uma separação, contra a qual nós curiosamente temos protestado quando vem do outro lado, mas a qual nós também habitamos.

**bell:** Eu senti muito isso quando reli a declaração das missões da "Marcha de Um Milhão de Homens" que Farrakhan escreveu, porque me pareceu que ele estava dizendo que, no fim, somos todos determinados pela forma como somos vistos pelo mundo e que, portanto, é por meio do espetáculo que criaremos uma noção de recuperação, de uma recuperação psíquica, apesar da ideia de que o mundo todo nos veria como a força desse um milhão de homens, e de alguma forma essa representação derrotaria a noção de que há um trauma psíquico não resolvido em curso.

**Stuart:** O resultado disso é simplesmente o desmanche e o deslocamento do trauma de uma forma triunfante, mas isso nos afasta do ponto onde realmente dói na vida real e onde realmente pesa na experiência das pessoas.

**bell:** Por isso, para mim, houve uma necessidade muito grande de trazer uma crítica de gênero para a "Marcha", porque, quando o espírito do triunfo e do espetáculo acaba, para onde esses homens vão canalizar sua raiva quando não tiverem trabalho? Quando, mesmo com dois empregos mal remunerados, a vida deles não melhorar em nada? Havia todas aquelas noções do homem chefe de família que conquistaria respeito e obediência e eu pensei: o que vai acontecer quando essa noção de direito que o espetáculo encorajou nos homens negros, mais uma vez a ideia de uma espécie de ego, não se refletir na realidade?

**Stuart:** A natureza masculina dessa tática não está, é claro, desconectada da forma que ela critica. Da forma como as pessoas se envolvem nisso, porque isso continua em seus próprios termos como uma noção de recuperação de domínio, de controle, de espetáculo, de recuperação de uma posição pública, deixando muitas coisas de lado; e essas coisas são, por assim dizer, o lado feminino, o lado feminino de todos envolvidos nesse tipo de experiência. Não havia linguagem para isso. Essa natureza não dialogava com o lado feminino e não podia, portanto, se apresentar nessa dimensão.

**bell:** É por isso que tenho pensado muito em por que os corpos dos homens negros se tornaram o receptáculo de um novo conservadorismo, pois, diferente de muitas outras pessoas, não vejo esse espetáculo relacionado apenas com a reinstitucionalização do patriarcado na negritude, eu vi esse espetáculo como uma afirmação da reinstitucionalização do patriarcado nos Estados Unidos em geral, e que, de alguma forma, no geral, o feminismo desferiu esse golpe poderoso, de forma que as pessoas não veem bem esses momentos quando percebem que eles têm implicações apenas na raça ou para as pessoas negras, e não em uma narrativa cultural mais ampla em torno do gênero.

**Stuart:** No contexto racial, isso encontrou uma especificidade. E houve uma tentativa, ou me pareceu haver, de abordar um dilema em particular que as pessoas negras enfrentam, mas você está certa em dizer que os elementos do sentimento que contribuíram para produzir essa ocasião não tinham nada a ver com um reflexo do homem no geral, mas do homem inserido naquela cultura, e não só os homens negros.

**bell:** Tenho pensado muito sobre as ansiedades da masculinidade. Até que ponto essas ansiedades impedem um certo tipo de teorização da parte dos homens? Eu estou pensando mais especificamente nos pensadores críticos negros, pois tenho me decepcionado com homens que respeito muito, como Cornel West, pela forma como um certo tipo de ansiedade masculina bloqueia uma visão que nos permite pensar de uma forma mais complexa sobre família, sobre comunidade, nos fazendo retroceder reiteradamente para uma visão heterossexista da família nuclear.

**Stuart:** Sim, tem muita coisa aí. A resposta para isso, e o motivo pelo qual muitas pessoas responderam a isso e ao seu apelo, pode ser que, nomeadamente, a crise, a crise objetiva, incide muito diretamente nos corpos dos homens negros, o que não quer dizer que incida apenas nesses corpos, mas é algo muito dramático, e é muito dramático, em parte, porque o que pensamos como as possibilidades no início do movimento pelos direitos civis tinha muito a ver com o que os homens negros poderiam aspirar para o futuro. É aí que encontramos o fim da esperança, a baixa nas expectativas, uma decepção, quando as recompensas e as desvantagens se separam e descobrimos que os benefícios são muito escassamente distribuídos para a população como um todo. Nós podemos ver por que a masculinidade e a posição dos homens têm sido uma espécie de ponto crucial que poderia nos tentar a pensar que precisa ser abordado em sua própria especificidade. Isso não é o mesmo que dizer que essa questão poderia ser abordada sem levarmos em conta o contexto familiar, o contexto das relações com mulheres, a posição das mulheres na comunidade negra, essa questão não pode ser pensada sem levarmos essas coisas em conta, e é aí que a masculinidade impede as possibilidades de refletir profundamente a comunidade negra.

**bell:** O que eu penso sobre isso é que, à medida que se masculinizam essas reflexões em um paradigma patriarcal, isso impede qualquer movimento em direção ao divã. O que eu mais acho perigoso sobre as narrativas que estão surgindo nos Estados Unidos é o fato de que elas são muito contra os sentimentos, contra as expressões emocionais.

**Stuart:** Sim.

**bell:** Então, essas narrativas não apenas terão uma ramificação concreta nas políticas públicas, por exemplo, que dizem: "Vamos acabar com os auxílios sociais, os homens negros conseguem sustentar suas famílias." Esse é um tipo de ficção, mas outra ramificação por trás disso é a noção de que é uma perda de tempo tentar entender a psique ou qualquer tipo de trauma psíquico.

**Stuart:** Totalmente de acordo. E infelizmente é assim que ocupamos, especialmente os homens negros, nossas vidas psíquicas. Nós temos recusado essas dimensões. Elas não nos pertencem, não pertencem à cultura negra, e nós erguemos uma espécie de barreira contra a abertura dessas portas.

**bell:** É interessante, pois existe um grupo chamado "Men Stopping Violence Against Women" [Homens pelo fim da violência contra as mulheres] que escreveu uma carta para Cornel. Esses homens negros têm trabalhado faz tempo no movimento de mulheres agredidas. Eles articularam muito bem e em pouco tempo os motivos pelos quais esse tipo de retórica é tão perigoso, mas eles ainda não têm voz. Isso me parece um aspecto fascinante da nossa cultura.

**Stuart:** Eles falam a partir do feminismo?

**bell:** Sim, eles falam a partir do feminismo, mas também a partir de anos de trabalho concreto. Eles não só teorizaram, mas trabalharam com homens, mulheres e crianças, que tanto sofreram como perpetraram a violência. O que me chocou foi que muitas pessoas não quiseram de fato ouvir esses homens falando. De certa forma, isso me assusta mais do que o fato de existirem tantos homens envolvidos na velha narrativa patriarcal. Eu achei que as pessoas ficariam fascinadas ouvindo o que esses homens pensam e testemunham no processo de combater a violência doméstica, mas não é o caso. Eu ouvi um deles, Thulaman, fazendo uma fala incrível na conferência Black Men for the Eradication of Sexism [Homens negros pela erradicação do sexismo], que não contou com um público muito grande, mas foi uma conferência organizada por jovens negros. Um deles falou sobre um incidente que ocorreu em Montreal, em que os homens saíram do lugar e as mulheres foram assassinadas por um homem, e um homem que estava lá começou dizendo: "E se os homens tivessem ficado? O que teria acontecido lá?" A fala dele foi muito comovente. Ele levantou a questão do significado de solidariedade dentro do ativismo feminista, e o que significa o fato de um homem com uma arma ter sido capaz de intimidar um lugar cheio de pessoas a ponto de tirar todos os homens de lá. E quando terminou, um homem acabou com ele, dizendo basicamente: "Isso é ridículo. Por que essas mulheres não morreram lutando?" O que me fascinou nesse momento foi a rapidez com que essa narrativa violenta conseguiu apagar totalmente o ponto que ele defendia sobre solidariedade masculina.

**Stuart:** Nós estamos lidando aqui com uma história muito longa de luta que tomou diferentes formas. Embora as formas atuais ou particulares mudem de uma década para a outra, com certeza as configurações centrais são levadas e transmitidas. O que é ouvido e o que não é ouvido, quais vozes têm a permissão de moldar e conduzir a consciência de um movimento ou de um momento, quais experiências constantemente marginalizadas enfrentam longas histórias de coação. Essas configurações não vêm de ontem e refletem muitas coisas fora do domínio político. É como se todas as coisas em relação à formação das pessoas como sujeitos encontrassem isso, quando levadas para a arena política, moldando ou modificando a natureza da luta.

**bell:** Nessas descrições, de repente me deparo com a imagem da classe como aquilo que de fato diferencia esses grupos de homens. Os homens que trabalham no movimento de combate à violência recebem salários baixos e trabalham muitas horas. Quando pensamos em recuperação e depressão, as pessoas negras, particularmente os homens negros que de fato acabam não necessariamente no divã, mas com certeza em algum lugar onde podem falar da dor que sentem, são os homens pobres da classe trabalhadora que são obrigados a fazer isso por lei. Agora, nos Estados Unidos, nós temos tantas estruturas judiciais, principalmente no que diz respeito à violência doméstica, então os homens têm a oportunidade de passar por um processo terapêutico ou de ser institucionalizados, então cada vez mais homens estão passando por processos terapêuticos.

**Stuart:** E aqui nós temos uma grande diferença cultural entre a Grã-Bretanha e os Estados Unidos porque, na Grã-Bretanha, embora a cultura terapêutica tenha crescido em termos mais gerais, esse crescimento não chega nem perto das dimensões que essa cultura alcançou nos Estados Unidos. Isso com certeza não faz parte da cultura oficial dos tribunais e das legislaturas, então poucas pessoas, mesmo quando se reconhece que precisam desesperadamente de uma intervenção do tipo, são contempladas com um processo terapêutico.

**bell:** Por mais que eu tenha críticas profundas sobre o AA, de certa forma, penso que a gratuidade do AA faz parte dos aspectos que Bill W.* previu de que o AA atenderia todas as pessoas independentemente da classe. No início, embora as pessoas tenham agora começado a mediar a partir disso, não havia separação de gênero, raça, classe. Acreditava-se que todas as pessoas se engajariam em um diálogo que envolveria o compartilhamento de suas histórias e um nível de autorreflexão crítica em comunidade que, de fato, particularmente para pessoas pobres e da classe trabalhadora que não têm acesso a uma terapia individual particular, tem sido uma grande salvação.

---

\* William Griffith Wilson (Vermont, 1895 – Flórida, 1971), cofundador dos Alcoólicos Anônimos em 1935, em Ohio, ao lado de Robert Holbrook Smith (Vermont, 1879 – Ohio, 1950). [N. do T.]

**Stuart:** Parte disso não encontrou raízes entre as pessoas negras no início do movimento pelos direitos civis, também se relacionando com a diminuição do nível de organização política e de solidariedade da luta? Não estou dizendo que foi uma coisa organizada, mas muito disso estava presente no início do movimento. Informalmente, havia muito desse compartilhamento.

**bell:** Eu penso, por exemplo, no papel da igreja como um lugar de confissão e reconciliação, mas a igreja negra, à medida que progrediu, se tornou muito mais orientada pelo capitalismo, e, portanto, um exercício burguês, de forma que a ideia da confissão e do testemunho perdeu sua ênfase, então, quando pessoas como o meu irmão, um homem negro acima dos trinta e cinco, tentam enfrentar seu vício em drogas, ele não consegue encontrar lugares na comunidade negra, lugares gratuitos, onde conseguir ajuda. E, no caso do meu irmão, ele se mudou para Atlanta, Geórgia, em parte porque lá as pessoas negras têm um envolvimento mais forte com movimentos de reabilitação de pessoas negras, lá as pessoas negras organizam grupos e têm mais infraestrutura. Em Atlanta ele conseguiu combinar sua própria luta pessoal na reabilitação com um entendimento político mais amplo sobre o vício na vida negra. Eu quis mencionar isso porque acredito realmente que existem lugares de esperança, mas parte do perigo de ter o discurso de raça sempre mediado por uma elite é que tenho certeza de que meu irmão produziu muito mais pensamento crítico em seu grupo, onde homens negros o desafiaram a entender a forma como ele vê as mulheres, como ele usou as mulheres e como as mulheres fizeram parte da negociação de seu vício e de sua codependência, do que ele teria produzido em seu doutorado, por exemplo. Nessa atmosfera ele não teria sido convocado a falar dessas questões. Meu irmão mesmo diz que, quando começou a pensar em seus próprios problemas com o vício e sobre masculinidade, ele teve que passar a pensar seu sexismo e as formas como ele se relaciona com as mulheres, mas não existe nenhum fórum acadêmico que o teria desafiado desse jeito. Na verdade, há pouco acesso para uma terapia que seria livre o suficiente para ele adotar essa abordagem. Pensar nisso me fez pensar no ensino, no nosso caso aqui, porque minha aluna que está transcrevendo essas fitas vem passando por muitos problemas em sua vida, todos relacionados às questões das quais falamos aqui, doença e morte. Ela disse: "Essas fitas estão me ajudando muito. Vocês nem sabem o que estão fazendo aqui."

**Stuart:** Por isso é tão importante ter conversas nesse nível.

**bell:** E é por isso que eu queria falar com você sobre ensino.

**Stuart:** Sim, mas minha forma de ensinar é diferente, porque eu ensino à distância. Eu não tenho uma conexão regular com meus alunos.

**bell:** Mas eu conheço pessoas que disseram que suas vidas estavam tomando uma direção e então elas ouviram uma palestra de Stuart Hall que mudou essa direção.

**Stuart:** Sim, eu acho que estou problematizando aqui. Eu gostei muito de trabalhar na educação de adultos, mas sempre lamentei a falta de aulas cara a cara. E eu gosto disso porque, para além de outras ocasiões públicas, ensinar nos dá a oportunidade de atravessar alguns daqueles registros entre um e outro domínio, o domínio do envolvimento político, o domínio da experiência subjetiva, o domínio particular dos sonhos, das desilusões e da desesperança obsessiva. Eu me lembro muito bem de uma fase anterior da minha vida, quando eu estava envolvido com a *The New Left Review* e na Campanha pelo Desarmamento Nuclear, meus primeiros envolvimentos políticos mesmo antes de me envolver em questões de raça e racismo, e em um certo ponto eu fiquei totalmente exausto pessoalmente, muito cansado mesmo, e também deprimido.

**bell:** Como eu estou me sentindo agora.

**Stuart:** Por motivos diferentes, eu acho, porque eu quase perdi de vista o que estava fazendo. Eu acordava e ia dar aula na escola de manhã para ganhar dinheiro, e então, às quatro da tarde, eu ia para o escritório e começava a editar a *The New Left Review*. Eu pegava o último ônibus para casa às duas ou três da manhã, na Soho Square, então eu dormia algumas horas e voltava para a sala de aula. Eu não tinha nenhum tipo de vida pessoal. De repente, percebi que tinha que parar com aquilo ou teria um colapso nervoso muito sério. Então eu tive que confrontar o fato de que havia uma diferença entre os ciclos de vida, que os movimentos não param porque estamos cansados, nós ficamos cansados mais cedo ou mais tarde, então queremos continuar depois que o momento do movimento passou, ou o movimento continua e nós simplesmente não temos energia para continuar. E as pessoas precisam de muito apoio emocional para dizer que agora é o momento de parar. Você não iguala isso à derrota de todo o resto. É uma reconstituição da natureza crucial do momento subjetivo da política por uma total sentimentalização da política, uma total subjetificação, submergindo da política para o pessoal, algo que não acho certo. Controlar essa tensão e encontrar um grupo com pessoas diferentes para conversar sobre esses fatores, ou falar por meio deles, e com pessoas que podem apoiar as transições que não se encaixam bem. Essas coisas são muito importantes, e as pessoas que se envolvem com o ativismo político por um longo tempo precisam, todos nós precisamos, pensar mais em manter isso.

**bell:** Enquanto você falava, eu pensei que é exatamente isso o que sinto, só que no meu caso não tem a ver com o ensino e a *The New Left Review*. É sobre ensinar e sobre tentar escrever no nível que eu tentei escrever. Eu já disse que, para mim, a escrita tem sido um espaço de ativismo. Eu tenho visto que minha escrita encontra um uso instrumental e funcional na vida das pessoas. À medida que a escrita fazia intervenções políticas dentro da esfera do pessoal, eu me sentia compelida a trabalhar mais. Não encontrei sequer um artigo escrito por uma feminista negra criticando a "Marcha de Um Milhão de Homens", e pensei: nós estamos tão cansadas assim? Eu comecei a tentar escrever um artigo e me peguei muito desanimada. Senti que estava dizendo as mesmas coisas sobre raça e gênero e classe que eu dizia vinte anos atrás. Eu pensava que devia haver um grupo de pensadoras jovens prontas para tratar dessas questões, porque eu precisava me afastar disso por um tempo, se não daquela crítica em particular, então pelo resto da minha vida. Mas não acho que, se eu fizesse isso, seria uma perda para o movimento de autodeterminação negra.

**Stuart:** Não, não necessariamente, desde que haja outras pessoas preparadas para assumir isso e levar adiante o que foi dito. Mas, voltando para a questão da depressão e da falta de esperança, elas vêm quando sentimos que se não colocarmos a caneta no papel mais uma vez não haverá, lá fora, muitas coisas que se conectem da mesma forma, que construam uma ponte ou conexões com as coisas sobre as quais você andou escrevendo ou falando. E essa é a fonte de uma depressão muito profunda.

**bell:** O que eu venho tentando encontrar é aquele delicado equilíbrio que me mantém saudável. Para mim, C. L. R. James, especialmente quando o assunto é saúde, é uma figura-chave que mantenho em mente para me lembrar de que não quero negligenciar minha saúde. E também há muitas escritoras e pensadoras negras que morreram cedo. Eu digo às pessoas que deve haver algum aspecto muito insalubre em nossas vidas, porque muitas de nós estão tão desproporcionalmente e tragicamente doentes. É crítico pensar em escolher aleatoriamente vinte pessoas entre nós para analisarmos nossas questões de saúde e descobrir quantas de nós estão doentes. Tenho tentado me perguntar o que eu deveria fazer para mediar isso. Não tem sido fácil para mim tentar criar uma vida pessoal. Enquanto você falava sobre seus esforços excessivos, a imagem que tive de mim mesma foi de alguém que volta para casa depois das aulas, então escreve até altas horas da noite, intercalando com horas ao telefone com vários alunos que estou aconselhando sobre as várias direções que eles querem tomar em suas vidas. E, com tudo isso acontecendo, estou começando a me perguntar onde haveria espaço para conseguir ter uma vida equilibrada.

**Stuart:** Você está certa em fazer essa pergunta, porque essa pergunta aponta a sua interdependência – política e pessoal. Mas eu não sei se você tem razão em pensar que há um regime de contenção e controle nesse contexto. Nós somos uma geração que vai expressar em nossos corpos as impossibilidades de encontrar esse tipo de equilíbrio em longos períodos. Doenças precoces e assim por diante causaram estragos em nossas gerações, como falamos antes. Sempre haverá momentos dessas manifestações, períodos curtos, mas seria utópico acreditar que nós poderíamos livrar totalmente nossas vidas de algum desequilíbrio. Falar disso no contexto da cultura negra, como estamos fazendo, é muito importante, porque tenho a sensação de que muitas mulheres que escrevem, negras e brancas, precisam encontrar alguns equilíbrios em suas vidas.

**bell:** Exatamente, eu concordo.

**Stuart:** Essas mulheres conseguem gerenciar uma vida familiar, uma vida artística, uma vida emocional, uma vida pública, e não são destruídas por isso, mas se fortalecem mutuamente. Não estou dizendo que é fácil, mas eu não diria para elas: "Isso é utópico." Mas, para nós, eu acho que é.

**bell:** Você acha que é porque somos poucas?

**Stuart:** Sim, e porque nós tivemos uma história de muitos altos e baixos, uma história de grande otimismo e perspectiva de mudança, e uma história de uma espécie de aceitação que será mais demorada, mais lenta e menos efetiva do que imaginamos e sonhamos.

**bell:** Eu também andei pensando em mim em relação a você, porque eu estava dizendo para um grupo de pessoas que sempre me senti um pouco ansiosa de falar com você, e as pessoas ficaram surpresas porque a "poderosa" bell hooks ficava ansiosa com a possibilidade de conversar com

Stuart Hall. É claro, aqui nós voltamos para uma narrativa familiar psicanalítica da qual falamos em outros momentos, na qual você pode ser simbolicamente um pai para mim de uma forma como Fredric Jameson* não é, e é aí que a bizarrice do essencialismo biológico entra, onde eu poderia me relacionar simbolicamente com um pensador branco como uma figura paterna em potencial, mas nunca há uma noção de que, na carne, são forjados desejos, traumas, ou o que quer que seja, que eu sinto em relação ao meu pai real e que, então, me levam a me sentar com você e pensar: "Eu não consigo falar."

**Stuart:** Foi exatamente o que eu quis dizer quando falei: "Neste ponto da vida, nós carregaremos em nossos corpos, e marcadas em nossos corpos, exatamente as mesmas formas de oscilações que enfrentamos vivendo sob uma condição geral, e isso é diferente para nós em comparação a outras pessoas."

**bell:** Eu também estava pensando nisso porque, com Cornel, eu sinto um tipo de relação irmã-irmão. Nós somos os irmãos que puderam se reunir e falar sem ansiedade ou medo, sem medo de se ofender com terminologias diferentes, com abordagens diferentes. Parte da força que me impulsiona, que me faz pensar que eu preciso superar qualquer ansiedade para poder falar com Stuart, é o fato de nos enfraquecermos quando não respeitamos as potências das nossas solidariedades uns com os outros, o que não exclui nem diminui nossas solidariedades com outros grupos de pessoas, como as enormes solidariedades que tenho encon-

---

\* Fredric Jameson (Ohio, Estados Unidos, 1934), crítico literário e teórico marxista. [N. do T.]

trado ao lado de mulheres brancas ativistas. Mas eu não acho que nós, enquanto um povo, temos valorizado nossos espaços de solidariedade. Como pensadora feminista, tenho tido muita consciência de quanta solidariedade existe com outras mulheres, globalmente e dentro da minha própria comunidade, e também em comunidade com mulheres brancas. Também posso dizer que a solidariedade que compartilhei com mulheres na Índia, na África e na Austrália moldou meu pensamento sobre irmandade. Elas têm feito parte desse grupo de apoio de camaradas. Enquanto eu sinto que as naturezas muito competitivas da raça e do gênero na academia têm a curiosa função de fazer com que os pensadores negros sintam que estão sempre competindo uns com os outros, e, portanto, sem um espaço de diálogo e solidariedade em potencial...

**Stuart:** De fato. E eu acredito que esse seja o caso na Grã-Bretanha. Não há uma massa crítica na vida intelectual ou na academia. É tudo muito limitado. E é verdade que todo o nosso trabalho tem sido imensuravelmente prejudicado pela falta de solidariedade, provisoriamente prejudicado. E devo que dizer que, pessoalmente, tenho me sentido grato pelas minhas alianças transgeracionais.

**bell:** É exatamente essa mudança transgeracional que, novamente, nos envolve naquela mistura de sejam lá quais forem as questões e os dramas de nossa família de origem, e isso nos remete ao que eu estava dizendo sobre Cornel. Ele não se apresenta como uma figura autoritária que eu tema ou que eu sinta que tenha que remodelar ou que eu sinta que tenha o potencial de me constranger da mesma forma que a ideia de um pai faria. Eu definitivamente estou entre as pessoas que sentem muito fortemente que nós, enquanto sujeitos e pensadores negros, precisamos aplicar mais os modelos psicanalíticos à forma como nos relacionamos uns com os outros.

**Stuart:** Sim, concordo com isso, e eu acrescentaria que, apesar do fato de essas alianças transgeracionais e de outros tipos formarem vários grupos de apoio, há sempre um perigo. Elas podem se tornar muito rapidamente uma disputa de espaço em um universo escasso.

**bell:** Eu também estava pensando na natureza multicamadas disso tudo. Por um lado, eu poderia me aproximar de você com essa camada da ansiedade, mas, por outro, eu definitivamente não quero ter uma conversa com você da qual nós não participemos como pares e iguais. Para mim, tem sido interessante falar sobre a forma como podemos reconhecer as diferenças geracionais, as diferentes experiências e, ao mesmo tempo, encontrar aquele lugar em que, de fato, eu não veja você como o pai. Quanto mais eu falo com você, menos aqueles paradigmas que têm a ver com o passado da minha família de origem interferem.

**Stuart:** É por isso que é importante criar modelos psicanalíticos para entender essas relações e também usá-los como uma série de *insights* e metáforas que não sejam, em última análise, vinculados a essas relações, pois há uma forma de usar isso em que todo drama acaba reconfigurando o drama edipiano. O interessante em qualquer interação real, é claro, é a tensão entre a sombra daquelas relações quase familiares, quase edipianas, quase irmãs e outras coisas que atravessam as experiências e as alianças políticas. É verdade que somos de gerações diferentes e que vivemos experiências diferentes, mas também há muitos pontos de cruzamento importantes. O ponto principal da conversa não é ficarmos presos ao que nos separa, mas encontrar esses pontos de cruzamento e sobreposição. Esses pontos não causam exatamente o mesmo impacto. Eles criam homologias de entendimentos e é realmente disso que a interação se trata.

**bell:** Eu sempre serei grata a Paul Gilroy por superar essas construções e dizer: "Na verdade, eu acho que você tem muito mais em comum com Stuart Hall do que qualquer pensador intelectual com quem você é comparada nos Estados Unidos." Eu quero voltar para o assunto do ensino porque, por um lado, embora você não tenha uma interação diária e pessoal nessa área, a forma como você ensinou deu uma porta de entrada para as pessoas, o conhecimento que você tem está disponível para elas em um espectro incrivelmente amplo. Realmente não há nada parecido nos Estados Unidos.

**Stuart:** Sim, você não deve se enganar pelo fato de eu ter dito que não ensino tanto assim.

**bell:** Não, eu falei sobre um "contato cara a cara".

**Stuart:** Certo. Esse não é um comentário sobre a forma como eu passo o meu tempo. É um comentário sobre identidade. Eu sempre quis ensinar, o que é diferente de dizer: "Eu sempre quis estar em uma sala de aula ensinando." Mas eu sempre pensei em mim mesmo como um educador, e não digo isso no sentido de levar a palavra, de transmitir a palavra a partir da qual outras pessoas podem aprender. O que quero dizer é que eu sinto muito prazer nesses momentos quando, a partir de um lugar diferente e com uma experiência diferente, você consegue abrir uma porta, ou uma forma de olhar para as coisas, ou uma similaridade de experiências, ou você pode fornecer às pessoas a abordagem de um conceito com a qual elas podem voltar para as suas próprias experiências e fazer conexões diferentes. Nesse sentido, tenho ciência da minha política de educação em um sentido mais amplo.

**bell:** O que me intrigou e fascinou em você, e porque isso vem de um lugar muito diferente do meu, é que muitos de nós vemos você compartilhando do mesmo jogo ou fama que o mundo está tão disposto a conceder a muitos de nós nos últimos anos, o que me parece estar muito em desacordo com essa noção política em particular de você mesmo como um educador. No meu caso não se trata disso, dessa noção de carreirismo de que eu esteja esperando algum dia me tornar uma estrela intelectual. Eu nunca pensei nisso antes, mas isso me tem sido imposto muito mais, a ponto de eu ter que confrontar ativamente a forma como esse posicionamento tem alterado a natureza da visão que eu tenho do meu trabalho.

**Stuart:** Sim, mas, de qualquer forma, os sistemas estadunidense e britânico são muito diferentes.

**bell:** Eu estou falando sobre aquele sistema global pelo qual a fama pode ser negociada além das fronteiras. As pessoas amam o Stuart Hall que vai para os Estados Unidos fazer palestras e participar de conferências.

**Stuart:** Eu vou dizer como eu fiquei mais consciente do que você está dizendo, e como escolhi um caminho que se tornou um hábito para mim. Foi nos anos 60, quando começou a existir uma política negra na Grã-Bretanha, incluindo a política de Birmingham, e em algum nível houve uma política negra em Londres no fim dos anos 50, mas muito mais em Birmingham nos anos 60, quando eu entrei na área dos estudos culturais – Birmingham era um grande centro de migração negra –, e assim que você se envolve nesse tipo de política a coisa mais óbvia é você se tornar uma liderança. Eu era da classe média. Eu era articulado. Eu era estudado.

**bell:** E bonito.

**Stuart:** Eu me sentia bem na Inglaterra. Eu transitava e não era intimidado pela instituição. Eu conhecia a instituição de dentro. E não que eu não quisesse participar, mas, de repente, tive esse sentimento, que no Caribe nós chamamos de "complexo de doutor", e isso vem muito forte do antigo complexo de Eric Williams*, então, em algum momento, os intelectuais falam e as pessoas dizem: "Cara, eu ouvi o doutor falando." Então era o momento de o doutor falar. Eu não estava carregando o fardo desse espírito mítico. Eu estava feliz de tentar ajudar as pessoas a articularem as coisas, mas as pessoas que sofriam em Birmingham não eram como eu. Eu pensei comigo mesmo que eu precisava tomar cuidado, que não deveria sempre assumir que o secretário da organização, que era eu mesmo, poderia falar. Eu disse a mim mesmo: "Espera um pouco. Alguém mais vai falar e vai ser muito melhor porque as pessoas vão falar a partir de uma gama muito maior de experiências do que você seria capaz de alcançar." Sempre havia algo que eu podia fazer e que outras pessoas não podiam por causa da

---

\* Eric Eustace Williams (Porto de Espanha, 1911-1981), historiador e primeiro-ministro de Trinidad e Tobago. [N. do T.]

minha formação, das minhas vantagens, mas isso não, isso não. Aquele momento na Grã-Bretanha quase reproduziu aquela coisa do Caribe, onde o menino de classe média, advogado, de pele clara e bem instruído se tornava a liderança. Eu decidi que poderia não ser eu, que eu não devia fazer parte da repetição desse antigo padrão.

**bell:** Na verdade, eu acho que é isso o que está acontecendo nos Estados Unidos e que não é positivo nem um sinal de renascimento ou re-despertar. Não acho que seja positivo que todos os pensadores, intelectuais, estejam em uma instituição, porque acredito que as instituições, por natureza, impõem restrições e limitações tanto do pensamento como da ação. Me incomoda que todos os escritores negros, ou todos os escritores no geral, queiram um trabalho em uma instituição. Mas ainda acho necessário ter intelectuais e pensadores críticos em todos os lugares para não reproduzirmos precisamente o tipo de hierarquia do qual você acabou de falar, em que todas as nossas narrativas sobre a negritude cheguem até nós mediadas por um grupo pequeno e seleto formado por uma elite negra privilegiada que vem de determinadas escolas. Na minha opinião, é isso o que está acontecendo nos Estados Unidos e que muitas pessoas estão vendo como um avanço extraordinariamente positivo, enquanto eu vejo isso muito mais como um movimento conservador perigoso, porque, então, nós impedimos que pessoas de qualquer outra classe façam discursos que são muito reais em suas vidas. Foi fascinante quando eu estive em Atlanta e trabalhei em várias ocasiões com os homens que fazem parte do "Men Stopping Violence", e eu perguntei para eles: "Por que vocês não escrevem um livro?". Vindo de onde eu me encontro no mundo, a forma que conheço de reconhecer que há homens negros vivendo a realidade da prática feminista é escrevendo um livro. A noção que eles têm de si mesmos é algo como: "Vamos rir aqui. Porque, primeiro, onde vamos encontrar tempo para escrever um livro? Nós ganhamos muito pouco. O tipo de trabalho que fazemos exige que fiquemos de olho no bipe vinte e quatro horas por dia. E muitos de nós têm família, então, que espaço nós temos para escrever um livro?" É esse tipo de reconhecimento que me lembra, continuamente, de manter vivo o entendimento de que existem múltiplos espaços de narrativa e que os livros da academia não são os únicos discursos que circulam por aí. Mesmo pensando no movimento de reabilitação, nós podemos reconhecê-lo como um espaço onde um certo tipo de discurso acontece e que pode levar mais homens negros a pensarem sobre sexismo do que um livro da bell hooks. Os encontros podem até levar esses homens a ler os meus livros. É meu desejo sempre validar a existência de espaços como esse, e não superprivilegiar a produção de "textos". Recentemente eu li um "texto" sobre masculinidade negra e fiquei muito incomodada porque era um texto muito descritivo no qual o autor dizia que não se tratava de uma teoria cultural, mas de crítica cultural. Mas era um texto desprovido de análise política. Foi como se, de alguma forma, todo o trabalho que partiu da luta política – dos estudos culturais – tivesse sido transportado para esse espaço narrativo seco e superdocumentado. Tudo foi documentado com o maior cuidado, mas, no fim, o texto não demonstrava nenhuma noção de público, nenhuma noção de intencionalidade para além da descrição. Isso me fez levantar a questão do engano nos estudos culturais. Quando eu me envolvo com um trabalho desse tipo, sinto que não é assim que o projeto deveria ser, pois o que está sendo feito é muito seco, uma crítica literária acadêmica com cultura, mas sem uma noção de uma base mais ampla de espectadores ou de alguma intencionalidade enraizada na política.

**Stuart:** É claro, não podemos levar esse argumento tão longe a ponto de dispensar a existência de intelectuais que estão buscando seu espaço. Não pode ser apenas uma renúncia da responsabilidade. "Eu não devo falar, então fale você." Há outras coisas a serem feitas. O que acontece é que são privilegiados um certo tipo de trabalho, um certo tipo de escrita e um certo modo de dialogar com as pessoas. Essa é uma das chaves nas quais o trabalho é feito, sendo apresentado como o único trabalho que vale a pena ser feito. Então, só aquelas pessoas que conseguem obter sucesso nisso estão de fato fazendo alguma coisa que vale a pena ou realizando uma grande contribuição.

**bell:** Pessoalmente, eu me pergunto se os pensadores críticos negros vão conseguir de fato confrontar a questão da classe em relação à experiência negra, na diáspora em geral, mas, no caso da minha localização, nos Estados Unidos, eu me pergunto se nós de fato conseguiremos tratar essa noção que se torna evidente de que a verdade sobre os Estados Unidos é que pouquíssimas pessoas de origem pobre e trabalhadora conseguem fazer doutorado e que, no futuro, nós veremos ainda menos dessas pessoas. Eu acho interessante que tanta gente volte para o Du Bois evocando seu décimo talentoso*, mas não volte para o ensaio dele em que ele critica sua própria crença utópica nesse décimo talentoso, de que esse décimo talentoso serviria o povo,

---

\* Em 1903, W. E. B. Du Bois publicou um texto com o título "Talented Tenth" [Décimo talentoso]. Trata-se de um conceito segundo o qual uma elite afro-estadunidense deveria ser formada para ocupar mais espaços na vida política e intelectual. [N. do E.]

desejaria trabalhar na educação, iria querer compartilhar os recursos econômicos e educacionais, e começa a criticar toda essa estrutura. Embora exista um nacionalismo negro com raízes populares que servem às pessoas pobres, o que está sendo servido para as pessoas negras de classes privilegiadas é essa nova visão do intelectual como o doutor que vai falar.

**Stuart:** Totalmente de acordo. Essa é uma questão muito séria. Eu venho tentando pensar na maneira como os padrões estão surgindo, de uma forma diferente daquele período específico nos anos 90 na cultura negra britânica, que carrega muito fortemente a marca de uma estrutura de classe interna que não era comum aqui até agora. Eu vejo isso muito mais nitidamente nos Estados Unidos, onde é um problema bem diferente porque acontece em um cenário muito maior. Aqui está tudo tão atrasado que a posição comum aos escritores negros ignorou a classe por um tempo. Eles não extinguiram, mas ignoraram a classe. Inevitavelmente, é como assistir a uma fotografia passando por seu processo de desenvolvimento em uma solução fotográfica. Você vê os fatores de classe começando a surgir na página, entre diferentes grupos minoritários, pessoas negras entre grupos afro-caribenhos... frações de classes... As minorias que conseguem ter uma perspectiva para escrever dentro dos estratos sociais têm agora uma atitude muito diferente diante de todo esse projeto da cultura negra, ao contrário das maiorias...

**bell:** O que me incomoda nos Estados Unidos é a forma como isso se disfarça. Houve um tempo em que nós não podíamos falar sobre um acadêmico negro ou, aliás, sobre qualquer acadêmico, que ganhava um milhão de dólares por ano, mas a ironia é que, com essa espécie de divisão de classe, a negritude vem sendo evocada, de certa forma, como algo sólido. A ideia de que Cornel West, Louis Farrakhan, Jesse Jackson e todas essas lideranças negras devem se unir, apesar de todas as suas diferenças, em torno dessa categoria que lida com a raça e o racismo. A propósito, quando escrevi meu ensaio sobre a "Marcha de Um Milhão de Homens", eu falei sobre o fato de que, na declaração das missões Farrakhan, ele fala muito pouco sobre o racismo e sobre a supremacia branca. Na verdade, tudo o que ele fala é sobre gênero. Eu achei isso muito fascinante, porque o disfarce é que a crise do racismo é tão grave que nós temos que ignorar todas as nossas outras diferenças e nos unir em uma espécie de solidariedade racial. Mas eu acho isso uma bobagem porque é a solidariedade de classe que une essas pessoas e seu desejo de proteger o próprio interesse de classe que, em algum nível, elas estão criticando.

**Stuart:** Esse sentimento de que a raça cede a tudo sempre foi um problema. Nós nunca fomos bem-sucedidos em encontrar uma linguagem política para falar adequadamente de raça e classe sem reduzir uma à outra. Isso exige uma análise bem complexa.

**bell:** Foi isso o que William Julius Wilson* começou a tentar fazer em *The Declining Significance of Race* [O declínio da importância da raça], mas, como as pessoas costumam ser tão contra essa ideia sem ler o livro, elas não conseguem ver que Wilson não estava dizendo que a raça não é importante, mas que a raça seria cada vez mais mediada – o *status* de uma pessoa, sua posição – pela classe. E ele estava absolutamente certo.

---

\* William Julius Wilson (Pensilvânia, 1935), sociólogo. [N. do T.]

**Stuart:** Sim, muita gente interpretou muito mal a tese desse livro. Wilson tem um livro novo sobre as pessoas pobres urbanas que recorre a essa mesma afirmação.

**bell:** E isso se deu em parte porque a análise dele era conservadora e representava um posicionamento conservador diante desse conhecimento, então essa análise não seria incentivadora nem radical, e assim as pessoas podiam desconfiar mais dela. Eu venho tentando falar cada vez mais sobre classe no meu trabalho, e uma crítica que estou tentando levantar, sobre a qual eu ainda não pensei o suficiente, é que, entre as pessoas negras da classe privilegiada, o que tenho visto entre a classe negra privilegiada, é uma total falta de vontade de falar sobre uma vida digna e íntegra que pode ser vivida na pobreza. E isso se dá, em parte, porque as pessoas negras da classe privilegiada, por mais que critiquem a imagem de Horatio Alger\*, a noção da conquista individual da fama, da glória e do poder econômico, elas também participam dessa mesma ficção agindo como se a única vida boa fosse uma vida vivida na abundância material. Isso se torna uma negação da realidade na qual a maioria de nós vive. Se entendemos que a maioria de nós nunca vai ter acesso a uma abundância material, então isso quer dizer que a maioria de nós nunca vai viver uma vida significativa? Isso me aborrece porque se torna, então, uma forma de ofuscar a classe falando sobre uma ascensão racial em termos de aquisição material. Há uma negação da narrativa de classe que fala sobre valores, sobre o que seria uma boa vida. Se de fato a boa vida é só aquela vivida em uma boa casa com um bom carro e assim por diante, como nós

---

\* Horatio Alger (Massachusetts, 1832-1899), escritor famoso por seus romances formativos que retratavam a ascensão econômica. [N. do T.]

vamos falar sobre essa boa vida em comunidades pobres em que há violência de pessoas negras contra pessoas negras? Porque nós já dissemos que essas pessoas não podem viver uma boa vida sem abundância material.

**Stuart:** Sim, esse é um grande dilema, porque você corre o risco de parecer que está tentando reconciliar as pessoas com as exclusões clássicas que de fato existem. E as pessoas não querem falar sobre isso. Por outro lado, isso tem a ver com uma noção de classe materialista bem contemporânea e reduzida. Eu não consigo pensar em ninguém que teria dito isso sobre comunidades negras no passado. As pessoas nem sonhavam em dizer isso.

**bell:** Eu não estaria aqui conversando com você se não tivessem dito continuamente para nós que o fato de sermos da classe trabalhadora, o fato de nossos pais serem de origem pobre, de forma alguma inibiu a expansão dos nossos horizontes.

**Stuart:** A questão tem algo a ver com classe, com a forma pela qual a classe, agora, é tão vinculada a um tipo de seita monetária, a uma espécie de um novo sistema de ascensão rápida etc. É nesse contexto em que um certo tipo de "boa vida" não pode ser vivida sem um grande alicerce material. Se essa é a sua imagem da boa vida, então você está preso ao pensamento de que essa é a única forma de viver essa vida. Em relação a um ponto de referência mais antigo, as pessoas entendiam que a falta de oportunidades materiais era uma força incapacitante muito grave, mas elas não acreditavam que isso significava que as pessoas não podiam viver de uma forma decente e ética. Questões sobre a boa vida, sobre escolhas éticas, sobre aspirações para as crianças, sobre dar às crianças uma noção moral particular de certo e errado, sobre alguma forma de dar sentido ao mundo em termos de seu valor, todas essas coisas podiam ser transmitidas qualquer que fosse o esquema social em que você se encaixava.

**bell:** É por isso que eu vejo a ascensão da direita e da direita cristã tendo um impacto tão grande nas pessoas negras estadunidenses, porque é apenas dentro da esfera do fundamentalismo cristão que você consegue encontrar qualquer negação da ideia de que o excesso material é o único caminho para uma vida feliz, imbuída de valores e significado. Eu sempre me espanto com os testemunhos das pessoas negras que fizeram parte do culto de Jim Jones\* que disseram que a seita era o único lugar em que elas nunca eram julgadas pela raça, onde a classe não era uma questão. A todas as pessoas era pedido que abrissem mão do privilégio material. Para mim, esses movimentos são muito interessantes, porque sinto que meu próprio entendimento, meu entendimento histórico, da solidariedade racial está realmente sendo questionado pela tendência de mais e mais pessoas negras para a direita. O fato é que, nos Estados Unidos, muitas pessoas negras apoiam a pena de morte, muitas pessoas negras são contra o aborto, de forma que

---

\* Jim Jones (Indiana, 1931 – Jonestown, 1978), fundador e líder de uma seita cristã socialista chamada Templo do Povo, nos Estados Unidos. O ideal da seita, fundada em 1950, era criar um "paraíso socialista", em que não existiriam fronteiras raciais ou de nacionalidade. Sofrendo denúncias em seu país, Jones e seus seguidores se estabeleceram na comunidade de Jonestown, na Guiana. Lá, ainda sob pressão, Jones convenceu a comunidade de que a única resposta para as ameaças seria um ato revolucionário ou um ritual que configuraria o maior suicídio coletivo da história, em que os adeptos do Templo do Povo beberam um refresco envenenado, resultando em novecentas mortes. [N. do T.]

muitas das pautas progressistas que eu poderia achar que as pessoas negras apoiariam nos anos 60... Por exemplo, nos anos 60 se você fizesse uma pesquisa sobre mulheres e trabalho, os homens negros, muito mais que os brancos, diriam que achavam que as mulheres tinham que trabalhar, mas se você fizer uma pesquisa dessas agora, quando temos uma noção muito mais conservadora de família e masculinidade permeando todas as classes, você não conseguiria esse tipo de resposta.

**Stuart:** Eu não sei se seria esse o caso na Inglaterra, em parte porque nós não somos tão fortemente afligidos pela direita cristã, embora a direita cristã esteja crescendo em importância e ainda vá crescer mais. Por exemplo, nós teremos o aborto posto em questão em nossas eleições gerais pela primeira vez, com certeza, desde a legalização do aborto nos anos 60, então a coisa está crescendo. E com isso não quero dizer, é claro, que não exista nenhuma relação entre as práticas cristãs em certas igrejas e uma perspectiva social profundamente conservadora.

**bell:** Se pensarmos nas músicas que atravessam o mundo – o rap e alguns estilos de música negra popular –, há implícita nelas uma mensagem muito conservadora. Se pensarmos que o Prince\*, o nosso Prince radical e andrógino, está dizendo agora que voltou a encontrar Deus, e que a grande questão da vida dele é ter um filho, então há essa grande noção em todas as esferas culturais, especialmente na esfera da cultura negra popular, que muitos de nós, no passado, vimos à beira do potencial. Isso está sendo mediado agora

---

\* Prince Rogers Nelson (Minnesota, 1958-2016), músico, cantor e compositor. [N. do T.]

pelo fato de que há uma voz popular negra que pode enriquecer nessa esfera. Não teria sido assim no passado, quando, em parte, a negritude registrava sua presença na esfera da música popular através da transgressão.

**Stuart:** Você tem razão. O mais estranho é que essas coisas não se traduzem de uma esfera para a outra, então você ainda pode ter um tipo de crônica agressiva/transgressora em certos *raps*. Um aspecto profundamente conservador dessa cultura, o clima geral, encoraja as pessoas a serem mais obstinadas ou diretas. Conheço bem alguns grupos de jovens negros muito sintonizados com sua própria negritude. Eles não se desculpam por sua negritude. Eles são bem sintonizados com a orientação dada pela cultura negra, com a cultura popular, com a música popular. Nós temos noções absolutamente convencionais de sucesso, noções muito tradicionais e heterossexuais de sexualidade e relações que seguem o "código familiar". E embora eles não estejam planejando isso lá fora, nas ruas, o que eles apoiam publicamente, aquilo a que eles ascendem e valorizam, tem uma pegada muito, muito conservadora – especialmente em relação à sexualidade.

**bell:** Eu me pergunto se alguém já fez algum trabalho para entender se isso é ou não o que acontece quando alguém alcança a fama. De certa forma, nós podemos ver isso quando vemos um porta-voz como Cornel cujas menções, antes, costumavam vir acompanhadas de palavras como "socialismo", "a esquerda", e havia uma noção de transgressão política. Agora, quando você reúne os últimos dez artigos de jornal que se referem ao dr. West e a algo que ele disse, você não vê mais esse tipo de referência.

**Stuart:** Na nossa visão, Cornel é conservador, sem dúvidas.

**bell:** Não, eu só estou falando em termos de linguagem. É muito mais a linguagem do liberalismo. Eu só estou tentando sugerir que parte do que a fama faz é exigir uma espécie de mudança conservadora.

**Stuart:** Lembre-se de que nós estamos em uma era política na qual o liberalismo se tornou praticamente a única linguagem política válida. A única linguagem que vale a pena usar em todos os debates que eu, de alguma forma, conduzi é uma linguagem que tem lugar dentro de um contexto liberal. Isso não se aplica só à política negra, mas à política no geral. É o único horizonte que nos resta. E é claro, comparado a uma perspectiva conservadora, particularmente o liberalismo de gênero é uma coisa boa. Mas em relação ao quão ousadas são as alternativas que esboça, quão ricas são as utopias que indica, trata-se de um lugar extremamente limitado e previsível.

**bell:** Uma das minhas alunas me ligou para dizer que ela está em uma disciplina da pós-graduação sobre cinema e que eles estão lendo muitas coisas, mas não bell hooks. A crítica aqui é que eu sou muito fora da casinha. E isso também aconteceu quando Michelle Wallace fez a crítica dela no jornal debochando do jargão que eu usei, "patriarcado capitalista imperialista branco". Mas aqui eu também estava me referindo à realidade de que nós podemos sustentar uma crítica ao capitalismo. Os acadêmicos negros são muito ansiosos para suprimir qualquer outro grupo.

**Stuart:** Essa é uma das coisas que mudaram. Nós assumíamos que, voltando para a questão da classe, era que, se você levasse a intersecção entre a raça e a classe longe o suficiente, em algum ponto crucial você encontraria a necessidade de questionar qual seria a dimensão anticapitalista daquilo que você estava dizendo. O mesmo se aplica à pobreza. O mesmo se aplica à desigualdade. Não significa que todo mundo é marxista, ou que todo mundo é socialista, nada disso, mas que claramente há um ponto no qual todo mundo tem que se envolver com o sistema distributivo como um todo.

**bell:** Em parte, em vim para a Grã-Bretanha e procurei você, outros pensadores negros britânicos e outras pessoas, para conseguir me envolver com...

**Stuart:** ... toda essa situação difícil, mas que também desce para o miasma liberal das pessoas mais radicais. As pessoas mais radicais argumentam seu ponto de vista, mesmo nos casos em que, quando você conhece essas pessoas, você sabe que os argumentos delas vêm de um outro lugar, mas na verdade tudo acontece em termos de criar uma divisão em um espaço onde há liberalismo. É assim que é viver em um mundo pós-1989.

**bell:** E é por isso que um tipo de solidariedade diaspórica se torna tão necessário para a nossa sobrevivência.

**Stuart:** Sim, mas eu tenho que fazer um alerta aqui...

**bell:** Sim?

**Stuart:** A linguagem do radicalismo que está bem viva por aqui não se deve ao fato de que as pessoas a nutriram e cultivaram para torná-la disponível para um espaço diaspórico.

**bell:** Você acha que eu seria muito dura se dissesse que, no seu caso, por exemplo, se você tivesse vivido esse tipo de fama convencional, parte do motivo pelo qual você não precisou calar a sua voz foi que você não tentou formar um eleitorado ou um fã-clube?

**Stuart:** Sim, isso é verdade, mas eu não diria que é necessariamente assim em contextos mais convencionais. De várias formas, em comparação com muitas figuras políticas negras na Grã-Bretanha, eu me vejo bem comprometido com o convencional. Não é isso. Eu acho que sou consciente do fato de que a negociação com o convencional é uma zona perigosa. Sei muito bem que não acerto o tempo todo. Mas estou sempre consciente de que se trata de uma negociação. Essa é uma estratégia muito cuidadosa, uma operação tática... As pessoas podem escolher migrar para o convencional se tiveram oportunidade. Às vezes elas ganham, às vezes elas perdem. Não é um espaço aberto. Se você ocupa essa posição por muito tempo sem pensar no que está fazendo, você se verá caindo em uma linguagem respeitável que ameniza a crítica e assim por diante. O convencional não deveria nos manter fora dele, mas não deveria nos manter dentro dele sem um senso crítico forte que exige toda a sua sagacidade.

**bell:** Eu não diria que não tenho envolvido o convencional com o meu trabalho, mas tentei fazer isso sem renunciar à linguagem do radicalismo, ao pensamento novo a ao apelo de fazer mais que teorizar. Nós precisamos viver de forma comprometida. Essencialmente, a prova não está em nossas teorias, mas na medida em que somos capazes de transformar essas teorias em estratégias de vida concretas, e não simplesmente na eloquência com a qual teorizamos.

**Stuart:** Uma performance formal.

**bell:** Eu gostaria de encerar nossa conversa falando sobre o lugar do amor em tudo isso.

**Stuart:** Eu sabia que voltaríamos nisso.

**bell:** Paulo Freire falou de forma muito consistente sobre a relação entre o diálogo e o amor. Eu tenho pensado na forma como me aproximo de você por meio desse diálogo, e até certo ponto, se voltarmos – e você vai ter que compartilhar com Catherine o quanto nós usamos a metáfora dela – para a noção do "divã", o que seria o divã, de alguma forma, se não esse lugar de diálogo crítico, investigativo e reflexivo. Eu quero falar disso porque há tantos livros de conversas sendo feitos agora, e isso é meio triste para mim porque esses livros têm sido produzidos com tanta frequência como um gesto mercadológico que eu gostaria de localizar a natureza dessa nossa conversa no nível dos esforços por solidariedade. Eu quero deixar claro o reconhecimento de que é importante para os homens e as mulheres negras dialogarem em um terreno que inclua uma poética e uma erótica da relação, mas também em um terreno que não trate disso. Não estou interessada em conquistar Stuart Hall ou em estar com ele de uma forma sexual ou erótica, mas, se nós de fato podemos enxergar o valor dos homens e das mulheres, e em partilhar dos homens negros e mulheres negras se relacionando de outras formas que melhorem quem somos.

**Stuart:** Você tem razão em dizer que o amor está no centro disso tudo, porque o amor é muitas coisas. O amor também é uma conversa, o tipo certo de conversa. E também é um enorme prazer dar à luz uma conversa. Tem algo a ver com a natureza da inventividade que trazemos para uma conversa desse tipo que algo possa se perder, e suas fronteiras se dissolvem quando algo novo surge, que não é nem um nem outro, mas um espaço entre os dois.

**bell:** Foi exatamente assim que eu me senti nessa conversa com você. Foi diferente da conversa que eu tive com Cornel. De certa forma, organizei essas conversas com uma série de perguntas, mas você e eu simplesmente nos sentamos, pegamos nossas bebidas e dissemos: "Ah, nós podemos falar sobre depressão, amor e morte."

**Stuart:** Sim, as pessoas me perguntaram sobre o que nós dois estávamos falando e eu respondi: "Ah, você sabe, vida, amor, morte, sexo."

**bell:** Eu venho pensando no jazz como uma metáfora para essa conversa, sobre a noção de improvisação, no sentido de que um de nós diz alguma coisa e o outro responde, mas não há nenhum formato planejado.

**Stuart:** Sim, como o jazz sempre faz, como um tipo de abordagem improvisada.

**bell:** Nossa conversa tem refrãos.

**Stuart:** E uma lógica interna que permite o lugar da improvisação. E também é como o jazz no sentido de que eu nunca consigo explicar essa conversa para pessoas que não gostam dela. As pessoas dizem que você pode fazer o que quiser no jazz, e de fato pode. Você pode fazer o que está dentro da forma e também fugir disso. O jazz sempre manifesta sua própria falta de estrutura, mas não se trata de sair tocando o que vier na sua cabeça. Grande parte do jazz, do jazz que eu gosto... Eu não gosto de um jazz totalmente livre justamente por isso. Embora seja maravilhoso em termos de criatividade, o que falta é exatamente a tensão. É sobre alguma coisa, essa conversa é sobre alguma coisa, então não se trata só do fato de eu conseguir falar bem. É sobre tentar se aproximar da verdade, do entendimento. Nós podemos levar essa conversa adiante, para além do ponto em que ela começou? Há algo em jogo. Há algo investido nessa conversa que dá a ela um tipo de estrutura, de impulso ou direção, o que, no entanto, não impede que ela tome essa ou aquela direção...

**bell:** Parte da intervenção que a conversa faz é contrariar a hegemonia do ensaio crítico. A perda de um modelo pedagógico popular se deu pela academização que levou à vinculação da estabilidade em um cargo à escrita de um certo tipo de texto acadêmico que, então, não guarda nenhuma relação com a noção de que, na verdade, nós servimos às massas, e não só os alunos que podem pagar para assistir nossas aulas. Um cansaço que eu sinto é quando as pessoas me pedem para escrever vinte páginas para os seus periódicos, mas e se as ideias não forem suficientes para vinte páginas? E se essas ideias puderem ser ditas em alguns parágrafos? Esse modelo que estamos seguindo permite isso e, portanto, permite mais o acesso popular.

**Stuart:** Assim espero.

**bell:** Com certeza *Breaking Bread* me provou isso porque tanta gente veio me dizer: "Eu chego em casa do trabalho, abro o livro, leio uma página e vejo algumas ideias ali."

**Stuart:** E você não precisa sentar e ler vinte páginas e as notas de rodapé. Isso é verdade. É uma forma tecida mais abertamente que permite às pessoas entrarem e saírem, entrarem na conversa em vários lugares. Muitas vezes, nós tivemos um terceiro e um quarto participante em nossas conversas, várias pessoas e tradições das quais falamos entraram na nossa conversa. Nós tivemos que reconhecer sua presença.

**bell:** É por isso que eu penso na conversa como um processo de alquimia que queima muito do excesso, e o que sobra, para usar uma outra metáfora musical, é uma nota alta que não se mostra de forma espontânea, mas foi perseguida em múltiplos lugares e que alcança seu clímax em nosso espaço de diálogo. É como jogar basquete com alguém que tem o mesmo nível que você, de modo que você pode eliminar muitas coisas, os movimentos que você teria que fazer se estivesse jogando com alguém que estivesse em um outro nível.

**Stuart:** Sim, você corta um bom excesso de bagagem, o que é ótimo. Mais uma vez, a academia, apesar de sua precisão de pensamento, sua valorização de modos racionais de argumentação, ainda tem muitas coisas ruins em torno dela. Quando você olha para o trabalho que as pessoas estão fazendo na academia, a soma do que realmente está sendo escrito chega a mais ou menos um quinto do número real de palavras que você tem que ler. Então eu espero que estejamos fazendo algo diferente aqui.

Voltarei a dizer que todas essas são formas de não apenas falar da maneira como o amor depende da reciprocidade, não de um jeito simples, mas da forma como é impossível falar sobre amor e reciprocidade. E também – e isso é muito clichê – da forma como o amor tem a ver com a entrega para o outro, com a voz a partir da posição do outro. Em todas essas formas, eu sempre senti que o modelo aqui é o dialógico. O dialógico é o modelo do amor. Isso não significa que é o único modelo que existe. Em certos aspectos, é algo positivo para as pessoas que dominam a prática do diálogo.

**bell:** Tem uma certa generosidade de espírito que as pessoas percebem que você leva para aqueles espaços para os quais nós somos convidados a participar de palestras que são monólogos competitivos. O fato é que mesmo quando estamos nesses eventos de quatro ou cinco pessoas há pouco diálogo. O que mais costuma ocorrer é uma competição por primazia da voz, mas nesses espaços você sempre tenta manter um espaço de generosidade, aprendizado e crítica. O que compartilho com você e sinto que faz parte do que nos uniu é o que eu vejo como um êxtase de ideias. Uma das coisas que eu venho sentindo muito é que o meu compromisso é com as ideias, e não com uma posição de intelectual pública.

**Stuart:** Certo. É um compromisso com as ideias.

**bell:** E é onde eu encontro o êxtase. Sabe, quando eu penso em você e eu em uma partida de basquete, penso em você e eu voando pela quadra com uma ideia em particular. É interessante que, mesmo sem combinarmos, há essa lacuna entre a primeira série de conversas e essa última, e mesmo essa lacuna faz parte de um movimento porque tantas coisas aconteceram nesse espaço de tempo.

Muitas pessoas falaram comigo e disseram ironicamente: "Bom, espero que você e Stuart Hall façam mais que ficar se lambendo", o que eu achei fascinante, porque essa imagem Stuart Hall e eu nos lambendo é realmente um espetáculo e tanto para se imaginar. O que isso significa? As pessoas criarem essas imagens em torno de um diálogo entre duas pessoas de gêneros diferentes? Eu presumo que, quando ficaram sabendo que Cornel West e Skip Gates fariam um diálogo, não foi essa a primeira coisa que veio na cabeça das pessoas: "Vocês vão se atacar? Vai ter algum conflito?" Mas por que, quando cruzamos a divisão de gêneros, as pessoas logo esperam que vai haver um conflito?

Eu também quero que as pessoas entendam que, em um jogo estático de ideias, há conflitos ocultos, e eu acho que essa lacuna foi um espaço para pensarmos sobre esses conflitos. Então, quando nos reunimos, o palco do conflito não é necessariamente o palco principal, mas isso não significa que o conflito não está ali.

**Stuart:** Não, claro que não. Caso contrário, um diálogo a partir de uma mesma posição é totalmente um modo de narcisismo. Mas sempre há uma falha na máquina, que não é necessariamente uma oposição bem marcada, um cenário competitivo de guerras e manobras em torno deste ou daquele posicionamento etc. É uma lacuna que se sobrepõe, se repete, com uma diferença que aproveita a tensão e o movimento da conversa anterior, e é isso o que torna tudo tão animador. O certo é que isso aqui não vai acabar onde começou e não vai terminar onde pareceu que terminaria.

**bell:** Eu fico muito comovida por termos começado essa série de conversas evocando o lar de certa forma e espaços de diálogo e interação dentro desses lugares. E é interessante que, até certo ponto, sinto que poder falar com você é um retorno. Uma das coisas que eu sempre penso sobre Fanon, e que eu sinto que criou uma fala em muitas de suas análises, é sua incapacidade de voltar para casa. Eu sempre sinto que, se ele tivesse conseguido levar para casa sua mentalidade crítica e então voltasse para a jornada, nós teríamos uma análise muito mais profunda.

**Stuart:** Sim, acho que sim. Quer dizer, eu não quero perturbar o sentimento de completude, mas penso menos em casa do que você. Eu acredito que casa é onde o amor está.

**bell:** Sim, eu acho que o amor acontece quando se está em casa, porque a casa é um lugar de possibilidades onde muita coisa pode acontecer. Onde há conflito no espaço do amor também há um desejo de processar tudo a partir do lugar vazio da diferença e da completa estranheza. Eu não sei o quão longe as pessoas vão umas com as outras, talvez porque eu venha pensando muito sobre rupturas, términos e perdas, então me parece que parte do que está em perigo é o nosso desejo de perseguir, uns com os outros, um certo movimento.

**Stuart:** Concordo, mas estou me perguntando por que você está falando de um retorno ao lar.

**bell:** Eu uso "lar" como sinônimo de reconhecimento.

**Stuart:** Com isso eu tenho menos problemas.

**bell:** Quando eu vejo o filme de Isaac Julien sobre Fanon, eu penso em incompletude, na ideia de uma pessoa capturada, que nunca encontrou de fato um lugar de reconhecimento, que sempre esteve nesse espaço de nostalgia.

**Stuart:** Esse estado de reconhecimento perdido está em consonância com o gesto de abrir mão do lar.

**bell:** Sim, e o feminismo tem sido um lugar onde tem havido muito mais discursos críticos sobre o lugar, sobre manter o lar, mas revisar nossas noções de lar. Então, para mim, não é o lar do Kentucky, mas a criação de um lugar, no sentido de reconhecimento.

**Stuart:** Nessa manifestação, concordo com você, principalmente quando você fala sobre a criação de um lar. Eu não quis dizer, quando você falou sobre o lar, que você simplesmente ou literalmente falou sobre voltar para as suas origens no Kentucky, mas eu sinto que você tem um sentimento de continuidade com aquele espaço.

**bell:** Bom, eu não tenho. Eu acho que tenho um sentimento de romance, e o romance não é contínuo nesse sentido. O romance tem seus espaços sombrios e estranhos. Mas, sim, eu tenho uma noção da união de diferentes lugares que fazem parte da criação de um lar. Não é um único lugar, mas um romance do que é criado dentro dessa mistura.

**Stuart:** Eu tive que viver sem romance, sem essa união. E a recusa disso é profundamente intrínseca ao lugar onde consegui viver. É quase uma recusa.

**bell:** Mas pode ser que, nessa etapa da sua vida, haja um retorno.

**Stuart:** Não. Por causa da entropia, eu não posso voltar fisicamente, porque não seria um retorno. Só agora é que eu sinto que poderia voltar, construir uma casa e me mudar para a Jamaica, porque está tudo tão diferente do que considero como o lugar onde eu comecei. Me mudar para lá seria viver em um bom lugar, em um lugar diferente. E é a distância desse lugar que me permitiria voltar.

**bell:** Aqui você me faz ponderar se os homens estão ou não mais dispostos a se envolver em um discurso diferente sobre o lar, que não seja sobre a necessidade de fugir ou mudar de lugar.

**Stuart:** Eu não acho que o que fiz tem totalmente a ver com fuga, embora, no meu caso, tudo tenha começado assim. Tudo começou com esse corte, mas, agora, não sinto que fugiria disso. Mas sinto que teria fugido no momento que pareceu que eu ficaria tempo demais. Essa é a única coisa que me colocaria dentro de um barco.

**bell:** No meu caso talvez, uma vez que o lar sempre foi um lugar de transgressão para mim, eu não pense no lar como um lugar do qual eu fugi. Eu vou terminar esse diálogo pensando se não há uma diferença em termos de gênero em nosso entendimento e conceitualização do lar.

**Stuart:** Eu não sei se levaria até esse ponto. Eu sei que você não tem esse tipo de sentimento. Eu não estou dando um conselho, não se trata de uma suposição geral. Aconteceu no meu caso, então eu acho que posso falar de mim. É como se, e claro que isso não é verdade, é como se eu tivesse começado de novo como um sujeito quando não quis mais estar em casa.

**bell:** E talvez eu tenha dito que o lar era uma transgressão porque nunca estive "em casa" de fato.

**Stuart:** Aqui nossas histórias convergem. Eu acho que isso é porque eu nunca pude ser assim lá. Eu tive que recusar esse lugar porque não era um espaço de transgressão ou liberdade. Eu não podia conceber nenhuma possibilidade para mim mesmo a não ser aquelas já preestabelecidas e por causa disso tive que mudar. Agora, é claro, você tem total razão quando diz que um homem pode demorar mais. Para onde ele iria para tentar encontrar o tipo certo de lar que você não encontra no lar que foi dado para você? Mas eu acho que sei bem disso, e se esse lar tivesse se oferecido, dizendo: "Aqui está. Volte para casa", eu acho que, com uma grande tristeza, eu diria não.

**bell:** Essa busca pelo verdadeiro romance e por um certo tipo de visão de lar com certeza tem sido o cenário da minha busca pelas nossas conversas.

Este livro foi composto na fonte Amalia Pro e impresso
pela gráfica Plena Print, em papel Lux Cream 70 g/m², para a
Editora WMF Martins Fontes, em setembro de 2024.